EPC总承包绿色施工成本控制与风险管控

杜以苓 张科栋 赵 娜 主编

吉林大学出版社
·长春·

图书在版编目（CIP）数据

EPC 总承包绿色施工成本控制与风险管控 / 杜以苓，张科栋，赵娜主编 . --长春：吉林大学出版社，2023.3
ISBN 978-7-5768-1585-6

Ⅰ.①E… Ⅱ.①杜… ②张… ③赵… Ⅲ.①建筑工程—承包工程—成本管理—风险管理 Ⅳ.①F407.967.2

中国国家版本馆 CIP 数据核字（2023）第 059477 号

书　　名	EPC 总承包绿色施工成本控制与风险管控 EPC ZONGCHENGBAO LüSE SHIGONG CHENGBEN KONGZHI YU FENGXIAN GUANKONG
作　　者	杜以苓　张科栋　赵　娜
策划编辑	李潇潇
责任编辑	李潇潇
责任校对	刘守秀
装帧设计	中联华文
出版发行	吉林大学出版社
社　　址	长春市人民大街 4059 号
邮政编码	130021
发行电话	0431-89580028/29/21
网　　址	http：//www.jlup.com.cn
电子邮箱	jdcbs@jlu.edu.cn
印　　刷	三河市华东印刷有限公司
开　　本	787mm×1092mm　1/16
印　　张	15
字　　数	182 千字
版　　次	2023 年 3 月第 1 版
印　　次	2023 年 3 月第 1 次
书　　号	ISBN 978-7-5768-1585-6
定　　价	78.00 元

版权所有　翻印必究

序言

《EPC总承包绿色施工成本控制与风险管控》分两篇。

上篇：EPC工程总承包绿色施工成本控制。下篇：EPC总承包施工成本风险管控。其中上篇"EPC工程总承包绿色施工成本控制"，这种国际上通行的EPC（engineering，procurement，construction）总承包的项目管理模式在中国建设市场中的采用越来越普遍。EPC总承包模式使得整个项目在一个统一的框架下展开整体运作，第一，它可以有效地协调设计与施工，合理地安排物资的采购以便满足施工的需求，从而更好地保障项目实施方案的实用性、技术性和安全性，有利于迅速有效地解决实际问题；第二，EPC总承包模式，有利于设计阶段的"限额设计"理念的实施，从合理使用技术标准的角度来确保达到较佳的性价比，最终降低工程造价；第三，设计与施工的统一调控，可以实现工程质量和经济效益双赢的效果。设计与采购之间的深度配合能够使工程项目的实施更加灵活，使设计选型可以及时感应外部市场环境的变化，有效地抵御技术商务风险，减少一些不必要的损失；第四，以往的成熟经验显示，EPC总承包模式能有效地降低业主的项目运作费用及所承担的风险，同时，业主、EPC总承包商、监理（或者管理公司）各方之间职能、责任、权利、义务的界定更加清晰，从而有利于工程的进展。满足时代对环境友好型建筑的需求，可以更好地保障可持续发展理念应用于建筑施工，符合现在我国追求与环境和谐共生的发展理念。而在建筑从设计到投入使用的过程中，施工建设是建筑实现从无到有的关键环节，这一环节往往是建筑建设周期中耗时最长、资源消耗最大、产生建筑垃圾最多、对自然环境影响最大的环节，因此做好施工建设的资源和环境保护，以及减少污染物排放，是建筑行业达成绿色化、可持续发展化、环境友好化目标的重要手段。

绿色施工需要把施工过程中的各个环节进行社会化、信息化和一体化处理，是一个要求很高的系统工程，建立健全、科学、合理同时具有普遍适用性，能够准确判断和评价建筑工程推行绿色施工水平的绿色施工评价体系，已经势在必行。同时，绿色施工评价体系的建立也可以为政府或建造商提供绿色施工建设行为准则，这对于环境友好型施工具有积极的指导意义，将在一定程度上保障绿色建筑和绿色施工快速发展，为绿色化、可持续发展化、环境友好化建筑行业的实现奠定基础。

EPC 总承包模式下的绿色施工成本管理，全面贯彻绿色施工行为，有利于可持续发展战略与建筑行业融合，在一定程度上完善和丰富绿色建筑理论，推动项目建设向绿色环保目标迈进。绿色施工成本管理的研究为项目实际施工建设过程中的绿色环保措施节约成本提供理论依据，同时为工程的绿色施工建设成果进行科学评价和评议提供支持。绿色施工成本控制研究可以有效提升建筑项目的经济效益、社会效益及环境效益，为我国绿色施工健康发展提供理论依据和实践指导。

下篇"EPC 总承包施工成本风险管控"，是基于 EPC 工程总承包的绿色施工风险管控及优化，运用 BIM（building information modeling）技术对 EPC 工程总承包项目建立三维模型，从质量、安全、工期、风险、成本等各个方面进行 5D 管理，通过对风险进行管控及优化，实现建设项目的增值还未有相关研究。因此，进行基于EPC工程总承包模式的绿色施工风险管控及优化研究就显得尤为重要。通过对EPC工程总承包模式的绿色施工现状及风险展开讨论和研究，提出了解决问题和障碍的相关建议。

通过分析EPC工程总承包绿色施工的特点和发展现状，从对风险因素进行识别，得出一套适应于EPC工程总承包绿色施工的措施，提出风险管理的控制建议，促进绿色施工和EPC工程总承包模式的深度融合，促进我国建筑业的转型升级。

通过识别EPC工程总承包绿色施工的风险因素，能够促使EPC工程总承包商清楚地认识到项目在实际执行过程中可能会遇到的风险因素，强化风险管理意识，为EPC工程总承包绿色施工做好项目的风险控制工作提供方向，对提高EPC总承包商的风险管理水平以及保障项目的成功实施都具有重要的现实意义。

李永福

2023年1月

目 录
CONTENTS

上篇　EPC 工程总承包绿色施工成本控制 …………………… 1

第一章　概　述 ……………………………………………… 3
- 第一节　背景 …………………………………………………… 3
- 第二节　意义 …………………………………………………… 6
- 第三节　现状 …………………………………………………… 6

第二章　EPC 工程总承包模式及绿色施工理论概述 ……… 10
- 第一节　EPC 工程总承包模式概述 …………………………… 10
- 第二节　绿色施工概述 ………………………………………… 14

第三章　EPC 工程总承包绿色施工成本理论概述 ………… 34
- 第一节　EPC 工程总承包绿色施工成本概念 ………………… 34
- 第二节　EPC 工程总承包绿色施工成本组成分析 …………… 35
- 第三节　EPC 工程总承包绿色施工过程成本分析 …………… 38
- 第四节　EPC 工程总承包绿色施工成本分析指标及权重确定 … 39
- 第五节　EPC 工程总承包绿色施工与可持续发展理论 ……… 43
- 第六节　EPC 工程总承包施工阶段的成本特点 ……………… 44
- 第七节　EPC 工程绿色施工阶段成本管理存在的问题 ……… 45

第四章 EPC 工程总承包绿色施工成本控制理论分析 …… 47
第一节 绿色施工成本控制的基本概念 …… 47
第二节 绿色施工成本控制的因素 …… 50
第三节 绿色施工成本控制对象 …… 52
第四节 绿色施工成本控制存在的问题 …… 53

第五章 EPC 工程总承包项目绿色施工成本控制的方法 …… 55
第一节 精益思想在施工阶段成本管理中的运用 …… 55
第二节 EPC 项目精益施工成本管理的主要方法 …… 56
第三节 EPC 项目精益施工的 5S 现场管理 …… 68
第四节 基于 BIM 的 EPC 项目成本管理解决方案 …… 71

下篇 EPC 工程总承包绿色施工成本风险管控 …… 91

第六章 EPC 工程总承包模式的绿色施工分析 …… 93
第一节 EPC 工程总承包 …… 93
第二节 绿色施工的发展 …… 109
第三节 工程项目绿色施工现状 …… 122
第四节 EPC 工程项目绿色施工特点 …… 124
第五节 EPC 工程项目绿色施工存在的问题 …… 127

第七章 EPC 工程项目绿色施工风险管理 …… 131
第一节 风险管理 …… 131
第二节 EPC 工程总承包项目风险管理 …… 141
第三节 EPC 工程总承包项目绿色施工风险管理 …… 148

第八章 EPC 工程总承包绿色施工风险数据模型处理 …… 155
第一节 层次分析法 …… 155
第二节 Vague 群决策方法 …… 164

第九章　EPC 工程总承包绿色施工风险管控及优化 172

第一节　EPC 工程总承包绿色施工过程中的风险防范 172
第二节　EPC 工程总承包绿色施工的风险管控措施 176
第三节　EPC 工程总承包风险优化措施 183
第四节　应用建筑信息化模型技术助力绿色施工 188
第五节　应用助力绿色施工 213

参考文献 222

上篇
EPC 工程总承包绿色施工成本控制

第一章

概　述

第一节　背　景

随着全球一体化进程和中国市场开放的进一步深入，国际上通行的EPC总承包的项目管理模式在中国建设市场中的采用越来越普遍。EPC总承包模式在为承包商提供自我决策的机会和合理创收途径的同时，也要求承包商对所承担项目的建设过程负起更大的责任和义务，它为承包商带来的是机遇和挑战并存的新局面。

EPC总承包模式使得整个项目在一个统一的框架下展开整体运作，第一，它可以有效地协调设计与施工，合理地安排物资的采购以便满足施工的需求，从而更好地保障项目实施方案的实用性、技术性和安全性，有利于迅速有效地解决实际问题；第二，EPC总承包模式，有利于设计阶段的"限额设计"理念的实施，从合理使用技术标准的角度来确保达到较佳的性价比，最终降低工程造价；第三，设计与施工的统一调控，可以实现工程质量和经济效益双赢的效果，设计与采购之间的深度配合能够使工程项目的实施更加灵活，使设计选型可以及时感应外部市场环境的变化,有效地抵御技术商务风险,减少一些不必要的损失;第四,以往的成熟经验显示,EPC总承包模式能有效地降低业主的项目运作费用及所承担的风险,同时,业主、EPC总承包商、监理(或者管理公司)各方之间职能、责任、权利、义务的界定更加清晰,从而有利于工程的进展。所以EPC总承包模式在中国建设市场的采用越来越普遍。

我国处于经济蓬勃发展的时代,在新时代背景下城市化进程加快的同时各项基础设施建设数量和质量日益提升,但是作为我国重要产业之一的建筑行业的飞速发展却是以环境资源的大量消耗和给环境造成负面影响为代价的。我国是一个发展中的建筑大国,每年新建房屋面积高达17~18亿 m^3,建筑业的高速发展,造成能源和资源的大量消耗,且浪费、污染严重。根据统计数据,建筑业耗能占我国每年自然资源和能源获取总量的40%~50%,产生的建筑垃圾占我国每年产生垃圾总量的40%。建筑行业的高速发展所造成的各类环境污染问题成为我国目前环境污染的症结所在,严重不符合我国的可持续发展战略。

基于时代对环境友好型建筑的需求,为了更好地保障可持续发展理念应用于建筑施工,我们提出了绿色建筑理论,这一理论紧扣环保主题,符合现在我国追求与环境和谐共生的发展理念。而在建筑从设计到投入使用的过程中,施工建设是建筑实现从无到有的关键环节,这一环节往往是建筑建设周期中是耗时最长、资源消耗最大、产生建筑垃圾最多、对自然环境影响最大的环节,因此做好施工建设的资源和环境保护,以及减少污染物排放,是建筑行业达成绿色化、可持续发展化、环境友好化目标的重要手段。

绿色施工需要把施工过程中的各个环节进行社会化、信息化和一体化处理,是一个要求很高的系统工程,再加上目前我国建筑行业还没有形成一个合理、科学、完备的绿色环保施工建设评价体系，导致可持续发展施工理念在我国推广进度慢、知晓使用率低，这极大降低了我国绿色建筑建设的推进，对实现可持续发展性建筑建设产生严重的不良影响。所以建立健全、科学、合理同时具有普遍适用性，能够准确判断和评价建筑工程推行绿色施工水平的绿色施工评价体系，已经势在必行。同时，绿色施工评价体系的建立也可以为政府或建造商提供绿色施工建设行为准则，这对于环境友好型施工具有积极的指导意义，将在一定程度上保障绿色建筑和绿色施工快速发展，为绿色化、可持续发展化、环境友好化建筑行业的实现奠定基础。

成本管理，是对基本建设项目费用实施全过程的判定、控制及管理。建筑工程成本在我国长期存在"概算超估算""预算超概算"及"结算超预算"的"三超"现象，影响了工程项目投资效益。国家工程量清单计价的实行，有利于规范建设市场计价行为，规范建设市场秩序，也对成本管理工作提出了更高的要求，将精细化管理模式应用到项目全过程成本管理工作中势在必行。

EPC总承包方式的优势明显，但是这种总承包模式对工程企业（即项目承包商）的项目管理能力也提出了更高的要求，它对企业的项目管理、工程技术人才配备、融资等综合能力也提出了更高的要求。随着成本管理的内容、要素广度、管理深度的增加，EPC总承包商要想实现公司利润的最大化，就更要处理好内部、外部的协调关系，最大限度地保证工程的质量、进度和造价目标的完成。EPC总承包商能否实现上述目标，成本管理水平就是其中一个重要的衡量指标。

第二节　意义

　　研究 EPC 总承包模式下的绿色施工成本管理，全面贯彻绿色施工行为，有利于可持续发展战略与建筑行业融合，在一定程度上完善和丰富绿色建筑理论，推动项目建设向绿色环保目标迈进。绿色施工成本管理的研究为项目实际施工建设过程中的绿色环保措施节约成本提供理论依据，同时为工程的绿色施工建设成果进行科学评价和评议提供支持。目前绿色施工在我国开展实施缓慢，其中最大的弊端在于缺乏系统、全面的成本控制方法。因此，课题在认真分析总结和梳理对比海内外所有相关成本控制方法的基础上，结合目前我国绿色施工评价存在的问题及原因研究，学习借鉴国外先进的方法，研究适合国内建筑行业的成本控制方法。这套方法能够为评价绿色施工提供指导和参考，绿色施工成本控制研究可以有效提升建筑项目的经济效益、社会效益及环境效益，为我国绿色施工健康发展提供理论依据和实践指导。

第三节　现状

一、国外研究现状

　　20 世纪 30 年代初期到 50 年代初期项目管理的特征是以使用"甘特图"为主要手段进行项目的规划和控制的。从 20 世纪 50 年代初到 70 年代末期，项目管理的主要特征是开发和推广网络计划技术，这种技术克服了"甘特图"的各种缺陷,它不仅能够反映项目进展中各工作之间的逻辑关系,而且能够描述各工作环节和工作单位之间的接口界面以及项目的进展情况,从而可事先对项目进行科学安排,为管理人员对项目进行有效管理带来了极大的方便。

20世纪80年代末至90年代初期,成本工程理论与实践的研究进入了综合与集成的发展阶段。首先是以英国工程成本管理学界为主,提出了"全生命周期成本管理(life cycle costing,LCC)"的工程项目投资评估与成本管理的理论与方法。在此之后是以美国工程成本管理学界为主,推出了"全面成本管理(total cost management,TCM)"这一涉及工程项目战略资产管理、工程项目成本管理的概念和理论。

美国哈佛商学院的波特教授在《竞争优势》和《竞争战略》两本著作中探讨成本问题,指出竞争优势归根结底来源于企业为客户创造的超过其成本的价值。竞争优势有两种基本形式:成本领先和差异。描述了竞争范围的选择,或企业活动的范围如何对决定竞争优势发挥重要的作用。而他在《竞争战略》一书中指出企业如何在实践中创造和保持在产业中的竞争优势,即企业如何推行广义基本战略。美国管理会计学者杰克·桑克接受了西蒙的观点,加入了波特的战略观点,于1993年出版了《战略成本管理》一书,使战略成本管理的理论方法更加具体化,并且因为其方法的可操作性,使其成为现代企业战略成本管理的主要模式。1995年,以托尼·格伦迪(Tony Grundy)为首的欧洲著名的克兰菲尔德(canfield)工商管理学院提出了一种战略管理模式,其特点是把战略成本管理的工具运用于问题的诊断以及提出具有争议性的选择方案上,将战略、市场、财务和组织前所未有地联系在一起,从而达到了帮助企业实现战略发展突破和获取持续性价值的目的。1998年,罗宾·库珀倡导的SCM(supply chain management)模式是把他以前所倡导的 ABC（activity-based costing）全面推向战略的运用，该模式建议要从企业内、外部、各部门及竞争对手等各个方面，全面地运用 ABC，并以准确的成本核算资料，使企业管理者及员工把自身的工作与企业的战略地位联系起来，从而达到降低成本和提高企业竞争力的目的。目前，国外成本管理技术主要有动态控制、网络计划技术和成本控制等方法。作业成本计算法、C. Spec 绩效分析法、综合记分卡分析法和工作结构分解法 WBS（work breakdown structure）等方法都是国外当前广泛使用的成本管理方法。国外工程项目的成本管理强调的是全过程成本管理控制。

二、国内研究现状

我国传统的项目成本管理研究主要侧重于工程项目的成本确定和控制，而忽视了对成本计划、核算和分析的研究。近年来，随着现代项目管理对项目内涵的不断拓展，以及实践经验的不断总结，人们逐渐认识到传统的成本管理是不全面的，开始加强对工程项目成本全过程、责任成本及成本信息化等的研究。

目前，我国学者已经对工程项目成本管理进行了深入的研究，根据成本管理中包含的内容，即成本计划、成本控制、成本核算、成本分析等方面，探讨了成本管理的原理、方法等。例如：利用工程量清单计价方式，分析建设项目的实施方式对成本的影响，探讨项目业主如何选择项目的采购模式和施工合同的类型；利用成本-进度的计算机集成管理和挣值法的偏差分析方法，研究如何对工程项目的成本、资源、进度等数据进行动态监控，并指出挣值法是目前最有效的项目管理工具之一；利用系统工程理论，深入研究如何对责任成本进行全面管理和控制，将工程项目的责任成本与施工方案、施工进度、质量和安全、财务管理、经济管理作为一个系统工程统筹考虑，从而明确在成本管理工作中的岗位责任和个人责任。

天津大学毕星老师针对我国工程项目成本管理理论和实践中存在的一些问题及现状指出："工程造价管理（或投资控制）和施工项目成本管理（建设工程项目成本管理）都不是工程项目成本管理的理论依据，工程项目成本管理是工程项目管理的一个方面，它的依据只能来自项目管理，并明确了应用WBS、CPM、S曲线、资源计划等技术进行工程项目预算制订的方法；指出工程项目成本控制实际包括成本估算、制订成本预算和成本控制等内容。成本估算需要成本估算（cost estimating）理论（国内称为工程造价确定、工程概、预算）的支持；制订成本预算除了也需要成本工程理论的支持之外，还需要项目管理中其他知识，包括风险分析、风险评价、进度计划、工期-成本优化等理论、方法的支持；成本控制主要需要赢得值（earned value）理论支持"。

国内的工程项目成本管理起步较晚，目前国外盛行的ABC作业成本法、挣值分析方法、WBS（work breakdown structure）法等诸多成本管理方法在国内也得到较好的应用，但是由于中国工程项目管理长期以来一直实行粗放式的管理模式，所以许多企业在成本管理理念方面还比较模糊，缺乏从战略角度理解成本管理的能力。与此同时，随着建设市场竞争的日益激烈和业主要求的不断提高，施工企业迫切需要一种科学高效的管理体系对工程项目的成本目标实行全面的、系统的、现代化的管理，以达到顺利完成所承建的工程并实现赢利的目的。

第二章

EPC工程总承包模式及绿色施工理论概述

第一节 EPC工程总承包模式概述

一、EPC工程总承包模式概念

EPC工程总承包模式是设计（engineering）—采购（procurement）—施工（construction）模式的简称，又称为交钥匙模式。业主将项目的设计、采购、施工及试运营交给总承包商，总承包商以设计为主导，将合同允许范围内的工作分包给分包商，实施集成化管理，对所承包工程的质量、进度、成本的负全责。因此对总承包商项目管理能力、抗风险能力等要求非常高，且需具备多元化的业务能力，如融资、综合管理、法律等能力。采用EPC模式的工程多为总价包干合同，签订合同时有许多未确定的因素，总承包商在项目实施过程中需要发挥主观能动性，提高管理效率，控制住项目成本，让利润更高，而业主更多关注项目的规划目标和整体发展情况。

二、EPC 工程总承包模式特点

（一）一体化管理

总承包商对项目实施一体化管理，项目设计、原材料采购及施工同时进行，合理交叉，最大限度地搭接工作，有利于缩短工期。责任划分明确，业主只和总承包商产生合同关系，总承包商对业主负责，分包商对总承包商负责，减少责任推诿。由总承包商统筹项目各参与方、为业主提供专业化的服务，业主不再多头管理，管理工作更为简单，业主更多关注项目整体发展情况、设计标准、关键节点的把控与协调等工作。

（二）风险转移至总承包商

业主风险得到转移，项目实施过程中的风险大部分转移给了总承包商。总承包商对项目全过程负责，在与业主签订合同时存在许多不确定因素，而项目合同的总价及工期已定，业主只承担自身原因造成的损失及不可抗力风险，总承包商因此承担了更多经济、工期风险，与此同时拥有更多盈利的机会。

（三）以设计为主导

总承包商以设计为主导工作。设计处于工程总承包模式的核心地位，对工期、成本、质量的影响都较大，在设计初期通过技术比较、经济性分析选择最佳方案，在满足技术要求的前提下达到经济合理的目标。另外设计主导可减少设计与施工脱节产生的变更，也减少建筑、结构、机电等专业之间的设计冲突，减少不必要的支出，减少索赔及纠纷。

(四) 激发总承包商主观能动性

传统模式中承包商未从工程角度出发，而是通过变更索赔等方式追求各自利益，EPC 模式下总承包商对项目质量、进度、成本负责，承担了大部分的风险，总承包商发挥主观能动性高效管理项目，实现利益最大化。EPC 模式下一般签订的为总价包干合同，已确定的总价迫使总承包商对项目成本实施精益化控制，保证足够的利润空间。

三、EPC 工程总承包模式目前存在的问题及原因分析

通过紧密协同设计、施工、采购，缩短三者之间的交接时间，同时不用等待设计全部完成再实施采购和施工，而是在设计达到一定要求后就可以组织施工和采购，进而有利于压缩工期、降低成本。但是在此模式下，也存在一定的弊端，包括总承包商的内部协调工作量大，对项目管理人员素质要求高，管理工具负荷大，需要采用组织、经济、技术、管理等措施来总体制订管理规划。

(一) 项目成本控制难度大

因为总承包模式下总承包商需要控制设计、采购和施工三个阶段的工作，而且 EPC 项目周期较长，相对于传统的工程建设模式，项目材料、设备、人工等价格波动风险较大，自然会增加成本外部因素控制难度。同时在大多数情况下成本管理仅仅限于采购阶段，在设计阶段的成本控制理念不够，主要是因为传统的管理模式成本管理主要集中在采购管理及施工管理阶段。

（二）协调工作量大及难度大

EPC工程总承包项目往往较为庞大，参与的单位较多，对内有专业分包、材料供应商、劳务分包等，对外有监理、业主方、政府单位等，而EPC总承包方作为总负责方，需要协调内外部各方，以达到充分调动各方资源的目的。但是在大型EPC总承包项目中，承包商对于工程各方面的控制深度有限，虽然业主聘请监理监督，但是如果没有成熟的管理机制，总承包商很难对工程中存在的所有质量、安全问题进行系统的处理，不仅增加了领导班子的压力，还容易造成各个部门的管理混乱。而分包商能力的参差不齐也会增加总承包商在总体进度控制上的压力，因此选择信誉度高、技术实力强的分包商是保证项目成功的重要因素之一。

（三）工程的设计控制能力有所降低

虽然在EPC总承包项目中，设计的优势比较明显，但是由于设计部门无法全程跟踪项目实施，另外在合同实施过程中，受限于设计人员数量，对于承包商的设计已符合合同规定的标准之下，提高设计质量的成本会增加，而当面临业主变更以及多个分包对合同不符的部分提出修改时，设计承担着较大的图纸变更压力，从而降低了设计对项目施工、采购过程的参与度，如果设计单位的定位不当，会降低设计的牵头作用。

（四）总承包商承担了绝大部分项目风险

EPC工程总承包合同往往是总价合同，因此大部分风险转移到了承包商。EPC总承包项目具有项目周期长、主体众多、投资相对较大的特点，以及业主将主要风险全部转移到总承包身商上，导致总承包管理环境要比设计或施工等单项承包复杂得多，风险较大。

第二节 绿色施工概述

一、绿色施工的基本概念

我国当前面临的环境污染、资源浪费等问题日益严峻，我国人民对于环境保护的呼声越来越高，同时我国政府逐渐认识到解决环境、资源浪费等问题是我国能够可持续发展的重要的途径。建筑业在我国主要是进行各种形式的建筑生产，具体包括建造住房、商业用房，给建筑物安装各项设备，对建筑物进行维修等，其具体流程包括实地考察、方案制订、具体施工等环节。在以上提到的每个阶段，能源的消耗都是不能避免的，如果操作不慎会给环境带来不可逆转的影响。所以，需要针对建筑业实施绿色环保的发展战略，把保护环境、节约资源放在工作的首位，而绿色施工也正是顺应这样的形势而诞生的方案。2007 年，我国为了更好地贯彻落实绿色施工而出台了《绿色施工导则》（建质〔2007〕223 号），对这个概念给出了明确的定义，即在施工过程中，在保证施工质量和安全的情况下，运用高新科学技术对能源进行有效管控，保证环境质量不受影响。要做到节约用地、节约能源、节约用水、节约材料，其最终的目的就是保护环境。

绿色施工的终极目标就是在确保施工安全和施工质量的情况下，实现环境保护、能源节约及废弃物排放达标。如果想要达到这样的效果，就要进行多元化多角度的全方位设计；在具体的施工过程中运用高新技术和先进的管理方法，对施工的全过程进行高效管控，最终有效降低成本、减少消耗、环保施工；在项目的运营阶段，也就是项目完成之后，要在最短的时间里对场地进行恢复、对周边环境进行绿化、保证建筑物的使用效果、落实建筑物投入使用时的环保要求。

二、绿色施工管理内容

（一）保护环境、减少污染

绿色施工的显著特点就是重视环境保护和对污染源进行管控。按照环保部门发布的环保要求，绿色建筑要关注到的环保内容包括以下几个方面。

1. 扬尘污染控制

现阶段，雾霾问题已经成为我国北方城市所普遍面临的大问题，其指标连续超规，而建筑工程作为重型工程项目，工程施工过程中会带来大量的扬尘，会对周边的环境产生非常恶劣的影响。因而相应的技术管理措施应贯穿绿色施工始终，从基础土方施工直到项目竣工验收，具体措施包括：工地周围定期洒水、地面硬化、在扬尘位置周围设置围挡、工地出入口安置洗车设备，对周边土地进行绿化等，尽可能地把扬尘污染降低到最小。

2. 声与振动控制

都市生活的节奏是非常快的，噪声污染在环境污染中所占的比重越来越大，尤其在城区，噪声污染对周围居民和施工作业人员带来的困扰愈发严重。施工现场不可避免地会出现噪声，所以要划分区域进行测量和管控，确保噪声不能超过 GB12523 所规定的标准。在施工设备方面，要尽量选用低噪声低震动的设备，同时要做好隔音处理。再有，施工时间也要合理搭配好，保证其噪声和振动不会对周边环境产生过大的影响。

3. 光污染控制

光污染不仅损害人体的眼睛，同时还严重影响睡眠质量。建筑施工过程中的夜间强光施工和电焊弧光等是工地光污染的主要来源。光污染的影响非常之大，一定要将其管控得当。除非必要，尽量避免在夜间进行作业，如果实在要施工的话，其照明灯上要笼罩以深色的灯罩来控制光线放射，在进行电焊作业时要做好防护措施，防止弧光出现外泄的情况发生。

4. 污染控制

水资源问题是目前困扰全人类的问题之一，建筑工业废水是水污染源的重要源头之一，施工现场污水的排放控制是解决问题的关键，施工过程中应严格遵循国家标准《污水综合排放标准》（GB8978），对污水排放进行处理，处理后的结果也应满足标准。同时，施工中应本着节约的原则，尽可能保护地下水资源不过度利用，进而导致施工现场地表沉降等严重后果。

5. 土壤保护

如果因为施工造成土地裸露，不能置之不理，要马上进行绿化，如条件不具备就要先以砂石进行覆盖，总之不能让土壤白白流失；要确保用于施工的土地是经过审批的合法用地；检查施工用地布置的合理性；要根据施工的具体情况在工地内部设计科学的道路规划路线；制订妥善的预防水土流失的管控方案；对深基坑开挖支护等情况进行具体的施工方案设计，保证项目顺利实施。

6. 地下设施、文物和资源保护

在项目施工之前要对场地进行地质勘探和数据测量，不能因为施工而影响周边各种军用或是民用设施。在施工过程中从地里挖掘出文物，则不管工程进展多少都要马上停工，保护好现场状况，做好协助保护工作，报告并等待相应的国家文物部门处理。

(二) 节材与材料资源利用

在具体的施工期间，要对合理利用资源的文件进行反复研读和仔细调查，避免能源消耗，尽量选用科技含量较高的环保类建材，对施工废弃料进行循环使用，把可能对周边环境造成的污染降低到最小。在建材方面，需要制订科学合理的方案，在节约成本的前提下，引入先进管控软件按照工程进度以科学的方法安排原料进场时间，实现资源优化配置；根据就地取材的原则进行材料选择并建立实施记录；要建立限额配料和领料机制、对设备定期保养、对余料进行循环使用；总的来说就是要引入先进技术设备和新型材料进行绿色施工。

(三) 节水与节能

水资源是人类生存所必需的资源，而我国严峻的水资源短缺制约着我国可持续发展的速度，根据数据统计可知，现阶段我国平均到个人的水资源量非常低，还不到世界平均水平的25%。而建筑行业对水的需求量是非常大的，因此绿色施工也从这个角度出发，把节约用水当成是一个重要指标对工程进行合理管控。节水的关键在于"开源""节流"。"开源"是指在施工过程中应最大程度上使用二次循环水，这样能够提升水的使用频率，如果有条件的话，也可以收集雨水来"开源"。所谓"节流"就是要把节约用水落实到位，工地应该根据需要安装节水设备，对设备进行定期检查，防止出现漏水等情况。有大数据统计，在建筑行业发生的能源消耗可以占到社会所有消耗的1/3以上，因此，绿色施工也要从这个角度进行研究，实现资源和能源的有效利用。对建筑工程来说，要严格按照国家相关规定进行施工，在设备选择上尽量选择节能机械，按照规定落实能源消耗控制指标。在绿色建筑中，要安装声控灯，这样不需要的时候可以减少浪费电能；做好保温隔热工程，如此一来住户使用空调的时间就会适当减少；多利用风能、太阳能等资源。

（四）保护土地和周边资源

众所周知，我国拥有14亿的人口，而可用土地资源并不是十分丰富的，具体到个人，这个数据就更加少得严重，还不到世界人均水平的30%。近几年我国城镇化建设趋势逐渐加强，城市以极快的速度向农村扩容，这就会使我国的土地面积缩小的速度更快。具体到建筑行业，其土地使用面积是非常大的，为了施工方便，还要搭建很多临时设备，所以在具体的操作过程中，可以选用可重复使用的移动用房，节省用地，提升效率。在施工现场图的设计环节，要注意尽量就地取材，保护周边环境，对临时用房进行加工时要秉持经济、合理、科学的原则；在土地开挖和回填时要把量计算精确，保护当地的土地及周边资源。需要对施工材料的运输和存储进行优化配置，防止不必要的搬运造成扬尘污染。在道路硬化时要区分好哪里是永久性道路，哪里是临时性道路，对道路进行硬化处理，防止车辆经过扬尘漫天。

（五）科学的规划管理

在绿色施工开始之前，需要对施工方案进行系统研究和不断探讨，在规划和设计环节，就要把绿色施工的理念贯穿进去，不管是前期计划、设备配置、材料使用乃至施工验收等，每个阶段每个细节都要以科学的方式进行规划和统筹，这样才能在具体实施时有的放矢，提升效率。

在施工项目启动前，承办单位和具体施工单位首先要制订明确的绿色标准和目标，就节约水资源、节约能源、节约材料、节约土地和保护环境等指标以数据的形式进行量化。设立专门的绿色施工办公室，任命专门人选负责日常事务，其余各个单位都要对该办公室负责，把绿色施工指标落实到每个部门每个员工身上。创建相应规范的管理制度，同时设置相应奖惩措施。定期对工程管理和施工人员进行绿色工程相关方面的培训，切实提高工程人员的业务水平。

绿色施工的相关内容如图2-1所示。

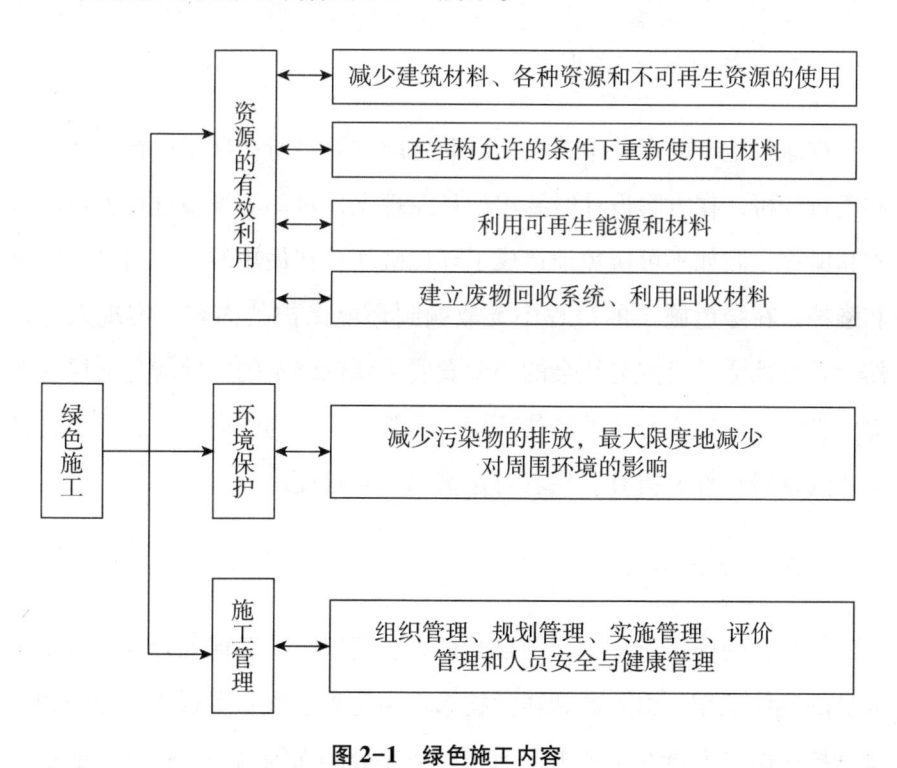

```
                            ┌─── 减少建筑材料、各种资源和不可再生资源的使用
                            │
                   资源的    ├─── 在结构允许的条件下重新使用旧材料
                   有效利用   │
                            ├─── 利用可再生能源和材料
                            │
                            └─── 建立废物回收系统、利用回收材料
        绿色
        施工 ──── 环境保护 ──── 减少污染物的排放，最大限度地减少对周围环境的影响

               施工管理 ──── 组织管理、规划管理、实施管理、评价管理和人员安全与健康管理
```

图2-1 绿色施工内容

二、绿色施工的特点

（一）低能耗、低浪费

在绿色施工的过程中，最关键的就是要对资源使用进行合理管控，针对施工过程中所剩余的材料以及各种废弃物，不能丢弃了事，而要想办法进行循环使用。在节能方面，要积极引入各项节能技术，传统的太阳能、风能循环利用自不待言，针对施工剩余的建筑材料、钢筋混凝土等都要尽量循环使用，发挥资源的最大化功能，把对环境可能造成的污染降低到最小。

（二）与自然和谐共生

在绿色施工的理念中，工程启动之前就要对所在环境进行实地考察和资料分析，在方案设计时要牢记环保理念，对环境设施进行妥善的保护和保存，假如不可避免地造成了环境破坏要在最短的时间内进行修复和维护。在绿色施工的过程中要兼顾到环境保护的内容，实现人与自然、人与社会、自然与社会的协调发展。绿色建筑的宗旨就是给居住者提供更为环保更为舒适的居住环境，不管是建筑的朝向、采暖、采光都要达到宜居标准，提升居住者对建筑的满意程度。

（三）经济高效

在具体的施工过程中，项目管理人员要以绿色环保的标准检查施工人员的具体工作，引入高新科学技术作为管理手段，实现能源节约和成本管控；施工人员在正式上岗前要接受充分的岗前培训，这样既能提升施工人员自身的施工技能，也能保证项目的质量；发展工程项目的绿色经济。例如运用装配式房屋这种国内新兴的技术方式，将房屋构建的建造工业化，在工厂中能都建造出建筑物相应的构建。这样便能极大地减小在建筑施工过程中对周围环境的污染，减少对在建建筑周围居民的影响，同时能够极大地提高建筑物产出率。

（四）科学系统的管理

针对绿色施工进行各种管理规定的制订，要制订明确的绿色施工奖惩方案、施工环境安全条例、临时设施搭建及管理规定等，把和绿色施工有关的台账和资料都整理清楚。以新型科学技术来指导绿色施工，既要保证工程质量、成本管控和项目工期，又要坚持环保、节能、生态、绿色的发展理念，让整个项目的施工管理更加系统完善。

（五）信息技术的支撑

新世纪是信息技术高速发展的世纪，我国的建筑行业如果想要赶超国际先进水平，就不能忽视信息技术的重要作用。建筑行业想要完成一个作品，必然会伴随着大量的能源消耗和相当长的时间成本，所以在这个过程里要运用先进技术对项目可能会涉及的设备、能源进行合理管控；对工期的掌控也离不开信息技术的支持，在现今的建筑行业中，最受欢迎的技术就是 BIM 技术，其特点是可以实现建筑模型的三位一体，降低工程进展过程中的各种摩擦，以信息技术对整个项目实现动态管理。

四、绿色施工的发展现状

(一) 国外研究现状

工程总承包作为工程项目管理的一个方面,在国外起步较早,经历了近半个多世纪的发展,在发达的西方国家已经形成了比较完备的管理体系,其发展主要包括以下几个阶段。

第一阶段为传统项目管理阶段,主要是在20世纪80年代之前。早在1940年时期,就已经有原始的项目管理模型,比较典型的就是亨利·L·甘特的甘特图和卡洛丹·阿丹密基的协调图等,这些项目管理模型被广泛应用于军事建设工程项目。到了20世纪的50年代,美国在项目管理技术方面先后出现了关键路径法（critical path method）和计划评审（program evaluation and review technique）技术,这些技术在航天、国防、工程建设领域中得到了不断的发展。传统项目管理模型产生的原因是对关乎国家和社会重大项目安全实现的需求,以及对项目管理工作框架体系的需求,在这个阶段的项目管理系统包括项目计划、控制和管理。到了20世纪60年代计划评审技术运用到了著名的阿波罗登月计划上,取得了很大的成功,著名的"矩阵管理技术"随后被开发出来。在这个阶段,项目管理还没有一个统一的定义。

第二阶段为新型的项目管理阶段,主要在20世纪80年代之后至90年代之初。在这期间的1987年,美国项目管理协会（project management institute）发表了"项目管理知识体系研究报告",后经1991年及1996年两次修订,逐步形成了现在的项目管理知识体系,主要划分为"范围管理、时间管理、成本管理、质量管理、人力资源管理、沟通管理、采购管理、风险管理、集成管理"等9个知识领域。

第三阶段为现代项目管理阶段，主要在20世纪90年代初至今。进入21世纪以来，全球经济持续增长，行业加速发展，市场经济要求越来越强，从而形成了市场驱动下的经济形态，人们所关心的问题是如何满足市场需求而不是如何销售具有核心技术的产品，市场开始重新构造价值。

近年来，各国的工程项目成本管理都取得较重大的发展，因此各国在项目管理方面模式也大有不同。美国主要强调项目工作结构分解（简称WBS）及成本编码系统的管理，是在得出项目投资估算并经业主审批后形成的预算，作为成本控制的目标成本。WBS通过对成本管理工作的详细分解，并以不用的层次或级次进行结构划分，编制预算、进度、报表，满足不同管理层级人员的需要。这种分解及管理模式便于用计算机进行智能化管理，并能显著地提高工作效率。

英国主要强调工料测量师（类似国内的造价工程师）的重要作用。英国皇家特许测量师学会是独立于业主和承包商的组织，其专业领域涵盖了土地、物业、建造、项目管理及环境等17个不同的行业。由于其具有很强的独立性，其自身的权限也相对很大，业主对项目拥有绝对的控制权。因此，在整个的项目建造或投资过程中，工料测量师会应业主的要求对该项目的前期方案进行可行性论证、论证项目估算、编制招标，并在项目的设计、施工全过程中进行投资控制。同样，对于承包商，也会如此。这种成本管理模式在成本控制上强调成本据实分配、尽量避免遗漏相关成本，设定一定的成本标准，避免"无用成本"的浪费，及时比较并纠偏。

德国的工程项目成本管理非常强调合同管理、信息管理及过程管理的动态性，非常重视项目管理人才的建设并采用信息化的手段采取计算机控制管理。同欧洲许多其他国家一样，德国自20世纪60年代便开始了许多大型的工程项目建设，在此过程中他们培养产生了大量有着丰富项目管理成本经验且掌握着大量资料数据的工程管理咨询服务类专业人才。随着工程的技术复杂程度、市场竞争环境的加剧，到20世纪70年代左右工程项目成本管理逐步扩展到工程建设项目全过程，德国的相关人才不仅懂工程设计，而且十分熟悉现场施工和组织，更熟悉合同管理。具体主要有以下两个特点。

一是重视项目管理过程的合同动态管理，强调签订合同就是控制和节省投资的关键及盈利的源泉。加强信息的贯穿和融通，在项目建设的全过程中先从理论出发，运用计算机等辅助手段，实施进度计划控制，发现问题及时提出，与业主和承包商及时沟通，把可能的问题及时解决在问题发生之前。

二是强调人员素质的重要性，特别强调项目管理人员的文化素质和工作的实践经验。认为工程总承包项目成本管理的目标在于按照业主的委托，采取措施进行组织协调，给业主提供决策方案，并控制实施保证项目按质按时的完成。

绿色施工对于工程项目来说，就是将可持续发展思想引入建筑工程施工中。富勒在1930年提出一种理念，这一理念以"少费而多用"为核心。他认为，人类的生产生活需要是不断增加的，而物质资源是非常有限的，为了满足这种需要，应有效、合理利用资源，通过合理设计，提高资源的利用率。

20世纪60年代的时候，有些国家的专家和学者也对建筑施工的资源节约和生态发展方面进行了研究。其中比较有代表性的是美国的建筑学家维克多·奥吉亚，他选取了二战结束后大概十年中一些建筑师的作品，并对其进行分析研究，提出了一些自己的独到见解，而这些作品的共同特点都是很好地利用了自然资源。建筑学家维克多·奥吉亚是第一个在建筑领域引入热力学、生态学的人。保罗·索勒瑞有机融合建筑学、生态学并提出全新的概念，即生态建筑，这一概念就是我们现在所说的绿色建筑。

20世纪70年代的时候，大多数人开始强烈地意识到，我们发展经济是不能以破坏环境为代价的。在那个时候，越来越多的专家学者开始关注生态问题，特别是建筑行业的生态建设和环保措施。联合国也第一次召开了人类环境大会和世界人类聚居大会，大会召开的目的主要就是研究讨论生态环保和可持续发展问题。由于专家学者的重视和研究，出现了很多环保节能的新技术，开启了节能建筑的先锋，从而给绿色建筑施工的推广，提供了很大的可能性。发展到80年代的时候，建设施工领域又刮起了一股"绿色"的风潮。这一风潮主要体现在：进一步推广可持续发展思想，加大宣传推广力度，促进绿色施工发展，实施清洁生产。尤其是一些发达国家，先后制定了很多政策、法规、制度。这些对发展绿色施工均具有重要意义，为绿色施工的发展奠定了基础。

在《绿色建筑——为可持续发展而设计》中RobetWel，Landa Well两位作者充分表达了自己的看法。在这一本书中，他们对绿色建筑这一概念进行了定义。他们认为，要想发展绿色施工，主要从这些方面入手：与整个气候相适应、重视能源的有效利用和节约、建筑工程设计要与地理环境相协调、提高再生能源的利用比例、重视生态环境建设、降低施工成本、提高施工效益等。

近些年来，在绿色建筑这一施工领域，"绿色税收"的这一概念出现了，并得到了大力普及和发展。什么是绿色税收呢？总的来说，就是在建筑施工中，为了促进绿色施工的发展，给予建筑企业的一种税收优惠政策。它是为了提高建筑施工企业进行绿色施工的积极性，推动可持续发展思想的普及而实行的一种措施。从目前的发展情况来看，这一措施得到了很多行业和部门的认可，大大促进了绿色建筑和绿色施工的普及和发展。

(二) 国内研究现状

我国工程总承包和项目管理相对于国外其他发达国家来说，虽然在20世纪50年代始的计划经济时代已经有一些理论基础，譬如华罗庚倡导和推广的网络计划技术及相关统筹方法等，但真正的项目管理知识体系研究则始于20世纪90年代的市场经济初始阶段，后续逐步推出了《中国项目管理知识体系》及《建设工程项目管理实行办法》等对于工程总承包及项目管理的指导性文件，进一步规范了工程项目的管理行为。

项目成本管理是企业管理的重要组成部分，并伴随着企业的发展和成长的全过程，其结果决定着企业的健康、持续发展等，是决定项目成败的关键因素。我国对项目成本管理非常重视，自20世纪80年代以来，我国就对建筑行化管理制度做了重大改革。在日渐完善的项目成本管理理论的指导下，我国项目管理实践也取得了重大进展，最显著的例子就是1984年的"云南鲁布革水电站工程"，采取了与国际接轨的模式，在招标、项目管理方面进行了大胆的尝试，使得项目的工期及造价得到了缩短和降低，取得了良好的经济效益和社会效益。这种管理模式就是后来在我国工程总承包或工程项目管理企业广泛熟知的"布鲁革冲击"。随后国家又发布了《关于改革建筑业和基本建设管理体制若干问题的暂行规定》(国发〔1984〕123号)，首次提出了建立工程总承包企业及实施项目总承包模式的设想。

随着我国进一步规范建筑市场及管理体制，先后出台一系列的规范、办法及指导意见等,尤其是1997年《建筑法》的出台及2003年后建设部相继印发的《指导意见》《建设工程项目管理实行办法》等文件,标志我国工程总承包和项目管理从此进入一个新的历史发展阶段。

相关文件的出台及规定,对工程项目的费用和成本进行了明确的界定和指导,要求项目管理人员对项目建设的全过程都要掌控,尤其是要严格理清预算,加强投资控制,搞好成本与控制、质量与效益、安全与进度的关系。因此,近年来,不少学者对工程总承包模式下的项目管理做了进一步的研究,并提出了比较实用的对策和建议。王化成等[1]认为工程承包企业为了争夺市场和生存发展的空间,实施"走出去"战略,就必须实施战略成本管理,培育自身长期的竞争优势,从而适应不断变化的竞争环境,提出基于战略管理理论的目标成本管理方法及解决问题的方案。徐尧[2]运用作业成本管理的思想,主要从施工企业成本管理的实际出发,找出施工项目过程中产生的成本和费用问题的根源,论证作业成本管理在施工项目成本管理中应用的意义。李昭[3]从全新的视角对总承包模式的核心竞争力进行分析,引入业主价值体系的概念,找出了价值链管理和总承包模式核心竞争力的内在联系。运用价值管理和价值链两大理论为指导,对工程总承包模式下业主价值的传递进行研究,在深入对比总承包模式与传统承包模式价值传递方面的差异后,总结出总承包模式的核心竞争力的实质。

我们国家从20世纪90年代开始,积极推进绿色建筑,倡导绿色施

---

[1] 侯守赟. EPC 业务下施工企业项目成本核算分析 [J]. 现代经济信息, 2019 (21): 188-189.

[2] 徐尧. 作业成本法在施工项目成本管理中的应用 [J]. 建材与装饰, 2018 (35): 124-125.

[3] 李昭. 基于业主价值体系的工程总承包模式核心竞争力研究 [D]. 东北财经大学, 2011.

工。比如《中国21世纪议程》(1994),这是我国最早提出可持续发展思想的文件,同时它也是我国建筑工程重要操作指南,对推进绿色施工做出巨大的贡献。国家质监局于2002年6月制定了施工标准,规范室内装饰装修材料。2004年,北京率先将绿色施工引入工程项目。次年(即2005年)正式颁布《绿色建筑技术导则》,客观上说,该导则为绿色施工的发展奠定了理论基础、研究基础。2007年,建设部颁布《绿色施工导则》,该导则定义了绿色施工的总体框架、基本概念及实际施工要点,内容相对完善,具有很重要的理论指导和现实意义。到了2009年的时候,我国政府开始提倡低碳经济、绿色经济的思想,制定了建筑行业绿色施工实施标准、评价标准。近几年来,我国更是大力宣传和推动绿色施工的发展,无论是中央层次还是地方层级,都纷纷制定和出台了很多关于绿色施工和绿色建筑的政策措施。

目前,我国国内的很多专家学者也对绿色施工进行了相应的研究。其主要观点见表2-1。

表2-1 专家学者对绿色施工的主要研究内容及观点

专家名称	主要研究内容或观点
刘洪峰[26]	主要研究了具体实现绿色施工的方法,具体措施,并从技术、管理等层面提出应围挡封闭现场、引用噪声相对较小的设备,使用洒水降尘等
王劲宏[28]	结合实践,探索了绿色施工的相关问题,认为"绿色"的关键在于高效利用资源,保护环境,合理化施工方案,严格履行相关规定,管控生产质量,高效利用现有资源、确保人员安全,同时强调应将这一思想引入施工各个环节之中
陈晓红[25]	构建了绿色施工评价体系,该评价体系主要包括两个层面,其一是管理绩效;其二是环境负荷。并在此基础上,结合实际,展开实证分析

续表

专家名称	主要研究内容或观点
刘筝薇、吴平春[27]	以案例研究法展开，以福州万象商业广场作为研究对象，解析该项目工程中所使用的技术，从理论层面，促进绿色施工发展
贺晓飞[35]	结合建筑工程的实际情况以及施工特点，归纳成本，全面分析与项目成本有关的因素，最终确定控制施工成本的关键，提出在制定成本控制体系时，应以目标规划为基本依据

《绿色施工导则》在很大程度上表达了国内现有主流观点、研究思想，也是当前国内较为完善的指导文件，奠定了我国建筑工程推广绿色施工的基础，也为之后绿色施工的大力发展打下了良好的基础。

五、绿色施工内涵

对绿色施工内涵的理解，本部分首先分析绿色施工与传统施工的区别，绿色施工与绿色建筑的关系，接着从施工技术、环境保护方面阐述绿色施工的内涵。

与传统施工的区别，一般施工过程均包含以下内容：施工对象、资源配置、实现方法、产品验收和目标控制。绿色施工与传统施工的主要区别在于最后一项目标控制的要素不同，传统施工目标控制主要有四大项：质量、成本、工期和安全，绿色施工在其基础上主要添加了"环境要素"和"资源要素"；一般施工也强调节约，但与绿色施工所要求的"四节"并不完全相同，主要区别在于两者目标不同，绿色施工的主要目标是环境友好，而传统施工的主要目标是成本的降低；对于两者以上区别产生结果亦不同，绿色施工可能带来企业成本的增加却换来环境效益的提升，而传统施工虽然可能暂时降低了成本，节约了材料，但从长远来看不符合可持续发展思想。

绿色施工与绿色建筑的关系：绿色建筑主要强调在建筑使用过程中节约使用资源、减少污染物的排放及提高使用空间的舒适性和高效性；绿色施工强调在建筑物的生成阶段，即施工过程中要节约能源、保护环境等。绿色建筑涵盖更广，而绿色施工仅仅包括在施工阶段，绿色施工只是形成绿色建筑的一个必要阶段。

施工技术不同，绿色施工不仅要求更新施工机械设备使之更加高效、环保，而且要求施工技术不断创新，更加高效地利用建筑材料且保护生态环境。施工技术的"绿色化"是绿色施工的重要标志，比如新型的基坑降水技术、水循环再利用技术等不仅可以节约资源，且对环境保护起到一定作用。

环境保护是主要特点，既然是绿色施工，必然把环境保护放在首位。此项内涵是绿色施工的主要目标之一，用技术、管理方式如现代施工通过围墙封闭施工，对施工现场扬尘进行洒水处理，利用低噪声设备进行施工等方式，从而不影响周边居民的正常生活工作，达到绿色施工的目的。

六、绿色施工存在的问题

虽然现阶段绿色施工已被公认为世界建筑建造技术的主流发展方向，但在我国建筑行业内推行绿色施工的过程中还是存在很多阻碍因素，总体推行效果不佳，下面就总结几点阻碍绿色施工推行的因素进行分析，以便找出解决策略，促进绿色施工在我国健康发展。

（一）意识层面

有不少群众对绿色施工地理解为在区域内增加绿化面积，同时还认为是文明施工，实施工程的参与者对绿色施工的认知程度不够，对于绿色施工的重视程度不足，大部分还是停留在对政策的表面迎合上，在实施步骤中没有真正地去贯彻相关理念，很难在各个环节都引入绿色施工的理念。许多建设、施工企业在施工过程中并没有实施真正的绿色施工技术，而是在建筑内或外通过增加绿化面积、人工造景，冠以绿色建筑、绿色技术的旗号增加卖点、博取关注。如此一来，消费者就会对绿色施工概念产生误解，认为其不过是绿化面积的多少而已，而在这种意识下，那些响应可持续发展号召，执行绿色施工技术的建设企业就处在一个尴尬的处境，自然而然地为了迎合市场和消费者，会逐渐回归到传统的建设方式上去，这样就出现了一个"劣币淘汰优币"的场面，形成恶性循环，极其不利于绿色施工的发展。

（二）政策层面

长期以来，我国的施工都属于传统粗放型，人们只在意最终的效果而忽视过程，为达到建筑物功能、工期等目标，施工过程往往以破坏环境为代价。任何一个新生理念在既有体制下都会处于劣势，易受到传统观念的冲击，这时国家政策的扶持对新理念的发展就显得尤为重要。绿色施工恰恰符合这一特征。自我国开始推行绿色施工以来，出台了许多相关的政策，但是目前我国的政策制定和执行部门对绿色施工的认识仍不够，政策上缺乏相应的法律法规和绿色施工标准支持，造成政策并没很好地得到执行和推广，市场上仍存在很多不良现象。

在招投标阶段，我国现行的是"低价中标"政策，而执行绿色施工的投标单位必然会因为采取绿色施工技术而相对提高施工成本，这样投标的竞争力就大大降低，而企业也会因此面临不能中标而带来的生存风险，这些风险会让很多施工企业心有余而力不足，对绿色施工望而却步。加之政府并没有明确的绿色施工评价体系，不能以强制标准衡量绿色施工水平，且没有出台执行绿色施工相应的奖惩制度，施工企业并没有因为执行绿色施工得到奖励的动力，更没有因为不执行绿色施工而受到处罚的压力，故而也没有必要采取成本相对较高的绿色施工方式，直接造成绿色施工推广缓慢。

（三）经济层面

在市场经济下，短期内追求利润最大化是企业的优先目的及选择。而绿色施工相比于传统施工来说，必然会带来施工技术的改进、施工设备的换代、施工人员的培训等短期内增加成本的局面，而目前我国的施工企业又以中小企业为主，因绿色施工企业造成短期内一次性资金投入增加，加之我国绿色施工政策的不完善，和市场前景的不明朗，势必会大大增强企业的市场风险。这又造成绿色施工被企业采取的比例大大降低，不利于其市场推广。

（四）技术工艺层面

建筑材料和机械使用上仍存在很多不符合绿色施工要求的现象，而材料和机械设备的环保属性是实现绿色施工的关键所在。目前我国在施工建设阶段所使用的建筑材料和机械设备种类繁多，但并没有对建设中所使用的材料和机械设备的绿色技术和绿色性能设置评价标准，这就造成材料和机械的使用仅仅是为了满足建设工程生产功能的要求，对其在生产过程中耗能、减排、降噪方面并没有过多的要求。

绿色施工是以在施工过程中降低消耗、减少环境污染、节约资源为出发点的清洁生产，然而现在应用的很多施工技术仍是以保证工期、进度、成本、安全等生产目标实现的传统施工工艺，难以从技术层面上满足绿色施工的环保要求。缺少了绿色施工技术上的支撑，"四节一环保"的施工建设目标就难以实现或者只是表面实现，而只有在建设阶段围绕着各个施工环节推行绿色施工工艺，改变传统的粗放型施工方式才可以从技术层面满足绿色施工要求。

（五）施工人员素质层面

目前我国建筑行业仍属于劳动力集中的粗放型产业，而建筑行业从业人员又是建筑从无到有的直接参与者和实现者，所以实现绿色施工就离不开一批具有绿色意识和一定绿色施工技术的从业人员，施工管理者需要以绿色的理念来进行管理，施工人员需要在工作中具备一定环保节能意识和绿色施工技术能力。

第三章

EPC工程总承包绿色施工成本理论概述

第一节 EPC工程总承包绿色施工成本概念

先要明白施工成本的定义及组成，施工成本一般指在施工过程中发生全部费用的总和，包括人工费（工人的工资、奖金等）、机械使用费及材料费（包括主要材料、辅助材料的使用等），最后还有在施工过程发生的各项管理费用。在加入绿色施工的要求之后，因为注重考虑施工与环境保护的关系，施工成本内容有所增加，成本提高，但采用绿色施工之后通常造成材料、机械等的节约，所以绿色施工成本不能简单理解为传统施工成本再加上绿色施工所增加的成本。结合《绿色施工导则》的相关内容以及专家学者的研究成果，绿色施工成本的定义如下：以"四节一环保"为主要目的，在建筑施工过程中结合绿色施工理念、措施等前提下，建设项目施工过程中所消耗的人工、机械、材料及相应的管理费用的总和。需要说明的是，绿色施工过程与传统施工相比，有增加成本的部分，也有减少施工成本的环节。

本课题参阅前人在这一领域已形成的研究成果，结合《绿色施工导则》，认为可将绿色施工成本理解为实现"四节一环保"而运用科学的管理手段，管理整个建设项目施工。绿色工程，即运用绿色材料、采用绿色的施工方法形成的工程。其施工成本主要包括因为建设项目而消耗的材料费、人工费及燃料动力费等各项费用的总和。

绿色施工，并非简单地将由于采用绿色施工措施而形成的成本叠加于传统施工成本之中。这是因为通常情况下绿色施工具有节省能耗、材料的作用，其本身就有助于节约成本。正确计算绿色施工成本的方法应该是将传统施工成本加上为了提高安全性、环保性而增加的费用，减去因为采用环保措施、绿色措施而减少使用的机械费、人工、材料等各种费用。简而言之即涉及为了实现"绿色"效果，而增加的诸如减少噪声扰民、清洁运输、防止扬尘等而形成的施工费用；同时使用绿色施工也会减少一部分费用，这部分费用包括节约能源、水资源及各种材料，这些都会直接或间接减少费用。

第二节　EPC 工程总承包绿色施工成本组成分析

绿色施工主要是为达到"四节一环保"的目的，其成本组成与传统施工成本的主要区别在环境成本。有学者指出在考虑绿色施工之后与传统施工相比增加的成本，如在节约用水时，水的使用量减少，但所采用的节水措施会导致成本增加。

首先研究传统的施工质量成本与总成本之间的关系，接着分析质量成本与环境成本之间的关系，最后在考虑环境成本之后总成本的变化。从经济学的角度研究绿色施工实施后成本的变化关系。具体分析如下。

施工质量成本与总成本之间的关系：越来越多企业注重质量成本的

管理，从之前的粗放型管理转变为以质量和效益为目标的发展模式。质量成本初期多应用在制造业，随着质量成本管理体系的逐渐完善，其理论被引入建筑工程领域。质量成本主要由控制成本和损失成本组成；控制成本由预防成本和鉴定成本组成，最后损失成本包括内部损失成本和外部损失成本两部分，表达式见式（3-1）、（3-2）、（3-3）。

$$质量成本 = 控制成本 + 损失成本 \quad (3-1)$$

$$控制成本 = 预防成本 + 鉴定成本 \quad (3-2)$$

$$损失成本 = 内部损失成本 + 外部损失成本 \quad (3-3)$$

上述表达式中，控制成本与施工质量水平相关，互为因果。早期投入的成本组成了预防成本和鉴定成本，损失成本是施工结束后方能体现，属于结果成本。具体内部损失成本包括停工损失、返工损失等，外部损失成本包括索赔、维修等。通过建筑工程质量成本曲线可以直观反映各成本之间的变化关系，见图3-1。

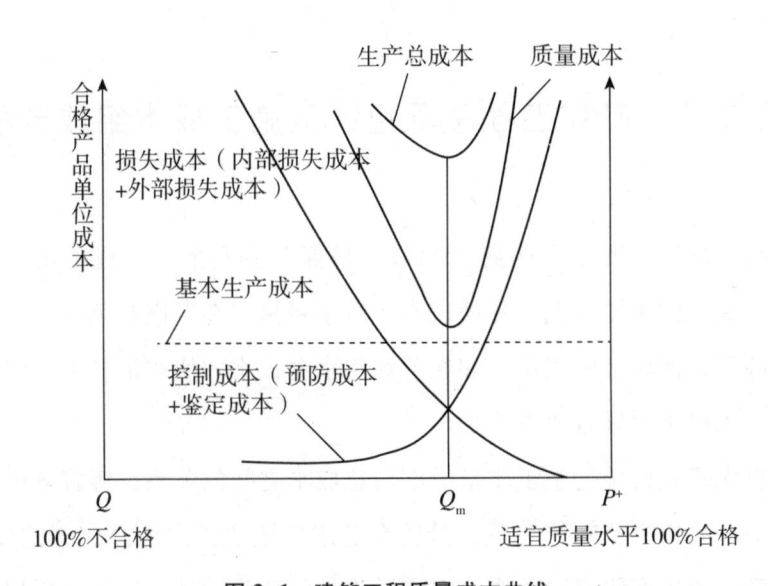

图3-1 建筑工程质量成本曲线

从上图中可看出：预防成本和鉴定成本随着质量水平的变化而正比例变化，且当质量水平增加到一定程度继续增加时，两种成本增加幅度变大；损失成本随着质量水平的变化而反比例变化，当质量水平增加到一定程度，损失成本的降低缓慢；所以可以得到一个最佳质量水平点，称为最佳质量成本点。

环境成本与施工质量关系：首先对环境成本的概念做简要描述，主要是从企业对环境负责的角度出发，由于企业经济互动对环境造成的影响进而采取措施所增加的成本。主要包括两部分：一个是自然资源本身的价值，另一个是对自然环境的破坏所支付的费用。环境成本可以从以下几个角度理解，首先施工所消耗的环境是有价值的，接着环境保护是全民的任务。

绿色施工质量与环境成本之间存在一定内在联系，绿色施工质量与环境成本主要由绿色施工控制成本和绿色施工损失成本组成。具体相关表达式见式（3-4）、（3-5）、（3-6）：

绿色施工质量与环境成本=绿色施工控制成本+绿色施工损失成本

(3-4)

绿色施工控制成本=绿色施工措施投入成本+预防成本+鉴定成本

(3-5)

绿色施工损失成本=环境损失成本+内部损失成本+外部损失成本

(3-6)

相比较前文表达式（3-1）、（3-2）及（3-3），上述表达式主要在前式的基础上计算了绿色施工带来的成本变化，如，损失成本中，绿色施工损失成本在内部损失、外部损失的基础上增加了环境损失成本。同样，可以绘制绿色施工质量与环境成本特性曲线。从上图可以看出，曲线基本变化趋势同图3-1，这表明绿色成本投入的增加才能提升绿色施工质量与环境水平。同时，环境损失成本随着绿色施工质量的提高而减少，与图 3-1 相同，同样存在一个最佳的绿色施工质量与环境水平点使得总成本最小。在分析绿色施工成本时有别于传统的施工成本，主要增加了绿色施工措施和环境损失两项内容，在实际对施工成本计算时要遵循：投入尽可能少的绿色施工措施换取较大的环境效益的原则。

第三节　EPC 工程总承包绿色施工过程成本分析

随着绿色施工的逐步推广，施工过程中发生的各项成本越来越受到成本核算人员的重视，本部分主要介绍绿色施工过程成本的概念、特点及构成分析等内容。绿色施工涉及的施工费用除了传统施工过程消耗的费用，还包括因绿色施工造成的其他措施费的增加，在此把这部分费用定义为绿色施工过程成本。

通过上文可以得出：绿色施工因具有"四节一环保"主要特点，所以与环境、能源相关的措施费以及节能减排、文明施工等费用占比较大，且绿色施工的成本投入结果具有不确定性，一定数量的投入不一定能换取相当比例的回报。结合绿色施工的复杂性、特点及基本概念，影响绿色施工过程成本的因素可总结为内在因素和外在因素两类，具体见表 3-1。

表 3-1 绿色施工过程成本的影响因素

绿色施工过程成本的影响因素	内在因素	管理水平
		意识方面
		施工技术
	外在因素	制度政策
		市场竞争
		普通民众环保意识

绿色施工过程成本构成同传统施工构成内容基本相同，只是各项成本具体内容侧重不同。具体也包括：人工成本、机械成本、材料成本及其他成本，关键区别在于其他成本内容有所不同。各成本计算方法按照《建筑安装工程费用项目组成》以及各省建设工程费用定额规定执行，涉及绿色施工成本需要的但项目组成中没有的要按照已有项目经验参考，科学合理分配费用构成。

第四节 EPC 工程总承包绿色施工成本分析指标及权重确定

评价体系的建立主要是通过分层把不同级别的目标按照不同的层级分类，参考国内外相关研究成果，并以《绿色施工导则》为整体框架制定绿色施工成本分析体系。

一、绿色施工评价指标的确定

目前对绿色施工指标体系的研究中基本涵盖了绿色施工所包含的施工过程管理、环境保护方面以及节约能源、节约用水用电、土地保护方面等内容。总结绿色施工有三大指标体系：施工管理、环境保护及节约资源，作为指标层的第一层；具体施工管理方面选取诸如施工技术应用、人员健康安全及施工现场管理等指标；环境保护方面选取扬尘污染控制、水污染、噪声污染、光污染、土地污染等指标；节约资源层选取节约用水用电、材料节约、能源节约及土地节约等指标。具体制定如下基层绿色施工评价指标体系。

第一层目标层：绿色施工总体方案评价，即需要达到的总目标。

第二层子目标层：即上述总结的绿色施工三大目标，施工管理、环境保护和节约资源，此目标层作为实现总体目标的根本指标。

第三层指标层：按照上述描述，指标层中所有指标是为了评价子目标层中三大目标进而对总体方案做出评价。

基于建筑物的相关特性，如多样性、单一性及施工环境的复杂性，施工评价体系的建立必须能够随着环境的变化适时做出修改。所以，本书在对绿色施工过程建立评价体系时充分考虑了动态因素以满足施工在不同环境下的变化，该评价体系对任何施工环境都具有借鉴意义，随着施工环境的变化，可以灵活修改其中的指标层或者添加相关的指标等。具体绿色施工的评价指标框架见表3-2。

表 3-2 绿色施工评价指标框架

目标层（总目标）	子目标	指标层
绿色施工评价	施工管理	施工技术
		人员安全健康
		现场施工管理
	环境保护	扬尘污染控制
		噪声污染控制
		水污染控制
		光污染控制
		土壤污染控制
		建筑垃圾控制
		地下文物保护
	节约资源	节约水资源
		节约能源
		节约材料
		节约用地

二、评价指标权重的确定方法

本部分将重点对如何利用层次分析法确定权重，主要步骤如下。

（一）建立指标体系

对相关问题设计调查问卷，考虑到施工环境的多样性、复杂性，在设计调查问卷时不能一概而论，要根据具体情况、具体环境、当地风俗等特点有针对性地设计。问卷调查的关键是确定各指标之间的重要程度，通常采用九级标度法来确定，具体见表 3-3 所示。

表 3-3 重要度尺度表

尺度	含义
1	第 i 个因素与第 j 个因素的影响相同
3	第 i 个因素比第 j 个因素的影响稍强
5	第 i 个因素比第 j 个因素的影响强
7	第 i 个因素比第 j 个因素的影响明显强
9	第 i 个因素比第 j 个因素的影响绝对的强
倒数	表示上述重要度相反，即 j 比 i 重要

2，4，6，8 代表第 i 个因素相对于第 j 个因素的影响存在于上述两个相邻的等级之间。根据 $a_{ji}=1/a_{ij}$ 的定义，能够比较容易地明确以上各尺度倒数的含义，a_{ij} 表示第 i 个因素对于第 j 个因素的重要程度。

（二）发放问卷

问卷调查是较为常用的调查方式，通过科学合理地分配调查对象以及问卷数量可以得到较为准确的结果，当然，问卷调查的过程主要依靠人为主观判断，存在一定的主观性。在选取调查对象时不能单一选取某一职位的人员，要选取不同职业的能够对绿色施工评价体系起到真实评价作用的人员，比如施工企业人员、房地产开发人员、环保人员、研究人员、项目周边普通居民等。

（三）对问卷调查数据进行处理并构造判断矩阵

通过对有效问卷进行处理得到总的各要素之间的相对重要程度，构造判断矩阵。层次分析法主要通过下层级指标的相对重要程度来确定上一层级目标之间的重要程度，相对重要程度通过矩阵的形式表达。在计算完各指标权重之后要进行一致性检验：首先对每一层级各指标按照所得出的权重进行单排序，可通过几何平均法计算判断矩阵的权重；接着对排序结果进行一致性检验，理论依据是矩阵特征值理论，对各层级计算随机一致性比率且根据随机一致性指标参考值判断各项因素是否符合要求；最后进行层次的总排序，即计算各层指标对总目标的重要程度。

在上述过程结束后，评价体系各指标还需要制定相应的评判标准。即把最终结果分为四个等级：优秀、良好、中等及不合格，也可按照百分制打分。在制定标准时要遵循以下原则。

对于一些可用具体数值反映的指标，比如水的消耗量、电能的消耗及材料的用量等，其评判标准要依据相关的规范执行，个人、企业不能随意更改。

对于难以用数据直接量化的指标，比如施工管理、安全、噪声控制等，其评价主要通过描述性语言，通过与之相似案例的比较，结合相关规范描述。

第五节 EPC 工程总承包绿色施工与可持续发展理论

一、可持续发展的概念

可持续发展是世界环境与发展委员会在 20 世纪 80 年代提出的一个具有前瞻性的与时俱进的先进理念。该理论以发展作为核心，但其要求的发展是在环保与资源能够充分利用的前提下进行的。

在全世界人类追逐可持续发展步伐的同时，建筑领域同样发起一场"绿色革命"。建筑物在建造和使用过程中，需要消耗大量的自然资源，同时增加环境负荷，建筑活动对自然生态环境的影响是非常巨大的，建筑业实行可持续发展战略应当成为全世界环境与资源管理的重中之重。

二、可持续发展理论在绿色施工中的应用

绿色施工是可持续发展理念在施工方法或施工技术上的具体体现，绿色施工并不是很新的思维模式，因为排除噪声、减少材料的损耗和浪费等在大部分项目上都会引起重视，因为这些因素直接或间接给承包商带来声誉、金钱等方面的损失。但是对于绿色施工，应将重点放在"绿色理念"方面，将理念运用到实践中，使理念与实践相互结合，并在关注"四节一环保"的同时注重绿色施工管理。在绿色施工过程中，要尽量减少不必要的浪费，尽量加强环境保护。

绿色施工与可持续发展密切联系，不可分离。它主要强调管理与技术并重，是可持续发展理念在建筑业实施的具体体现，它将企业效益增长与环境协调发展放在同等主要的位置，不再一味强调生产效益的第一要位，可见实施绿色施工对促进建筑业可持续发展具有重要而深远的意义，随着可持续发展战略的进一步实施，在建筑业实施具有可持续发展理念的绿色施工将会成为全社会的必然选择。

第六节 EPC工程总承包施工阶段的成本特点

在项目施工阶段的成本主要是材料消耗、机械的租赁和使用费、施工过程中支付给作业人员的工资、奖金、补贴等，以及实施项目施工作业组织和管理等产生的全部费用消耗。施工阶段的成本主要有以下

特点：

施工阶段是设计在资源驱动下实物化的过程，很大一部分项目成本在设计阶段早已确定，施工阶段的成本管理主要是计划的实施和控制、改善等，施工阶段是项目成本管理最为困难的一个阶段；

施工成本管理较设计、采购成本管理更加复杂和多变，影响因素很多，比如气候、市场、政策、地理环境等，更具成本风险；

受设计阶段和采购阶段影响较大，施工阶段是工程纠纷、索赔、变更等影响成本的事件多发阶段，在施工阶段，合同管理对成本管理尤其重要；

施工阶段对项目管理者的项目管理能力和职业素养要求更高。

第七节　EPC工程绿色施工阶段成本管理存在的问题

项目实施计划的编制仅根据人员的技术能力和经验来进行，没有充分分析施工过程中的各种成本影响因素和限制条件，造成很多计划并未达到预期效果，出现成本的增加和质量问题；

受设计质量和采购质量的影响，造成变更、停工待料、工期延误等问题，增加了成本；

施工组织设计质量不高，造成施工方案可行度较小，往往根据项目人员的经验和技术实施施工，产生了很多质量问题和资源浪费；

材料的堆放配置不合理，造成二次搬运，影响施工效率并增加费用；

项目现场缺乏标准化生产机制和科学的管理机制，工作效率低下；

劳动人员作业素质偏低，生产技能和职业素养相对低下，缺乏相应的培训机制，导致项目实施效率不高、质量得不到保障，加重成本负担；

项目分包过多，加重了协调工作量，并且容易发生工作交接上的冲突和利益冲突；

项目管理人员没有改变重技术轻管理的观念，项目管理实施效率不高；

项目实施人员成本价值观念不够高，技术经济分析不够，没有充分考虑业主需求，往往只追求自身利益；

项目合同机制和项目合同价的计算方式存在问题，对施工技术创新没有鼓励作用，抑制了先进生产技术的发展，资源得不到应有的节约；

EPC项目实施中很多方面仍然沿用传统的管理机制，造成了成本管理与质量管理、进度管理等很多方面存在不协调，没有充分发挥EPC模式的真正效果。

除了以上几方面的成本管理问题之外，还有很多影响施工阶段成本管理的因素，比如各专业工作之间协调不够好、监理人员没有起到相应的监督管理作用等。这些问题是我国传统项目管理模式留下来的问题，国家的相关政策也没有体现出应有的科学性，阻碍了我国项目管理的发展，这需要我国项目管理人员不断改变和探索，规范化我国的项目管理。

第四章

EPC 工程总承包绿色施工成本控制理论分析

第一节 绿色施工成本控制的基本概念

就传统施工模式而言，成本控制主要是指在建筑工程项目施工的过程中，对各项资源的消耗进行计划、控制和调节，目的是确保成本目标得以实现。需要控制的资源主要包括人工、物质、其他费用开支等。

建筑工程项目绿色施工的成本控制，是指在整个绿色施工过程中，对涉及的施工成本进行分析、计划和控制，实现成本管理目标。具体包括这几个步骤：首先，在整体规划绿色施工成本时，应做到合理化安排计划，明确各个项目的投入量，关注与绿色施工有直接关系的因素；其次，在施工过程中，把具体发生的实际成本控制在预算之内，及时检查和反馈，如果有超出预算的部分，要认真分析原因并及时纠正偏差；最后，要严格审核各项成本费用支出是否符合标准要求，是否存在浪费、损失等现象，核算分析所有发生的成本，并从中吸取教训。对于施工企业来说，绿色施工成本控制具有很重要的作用，控制得好的话，不仅可以实现成本目标，甚至会优于成本预算目标，大大提高企业的经济效益。对于施工企业来说，可以提高企业实施绿色施工的积极性，大大促进绿色施工的普及和推广，对于整个国家来说，如此一来除可减少不必要的资源浪费之外，还可大大降低建设工程对整个环境的污染，有利于实现可持续发展。

根据研究学者以及相关规范的描述，建筑施工成本控制定义可以描述如下：指在施工过程中，依据相关规范、预先制定的成本目标，通过施工管理、现场材料、人工、机械等费用支出的监督控制，并根据实际情况的动态变化而动态控制，在保证施工项目质量、安全等前提下尽量降低施工成本的过程。根据以上施工成本控制概念，得出施工成本控制有动态性、全面性、全员性等特征。绿色施工成本控制的概念与其基本相同：在对施工过程进行绿色施工方案设计规划的前提下以及参考同类工程资料的基础上对施工过程发生的各项成本通过绿色施工管理、监督、审核等手段，重点对影响绿色施工成本的因素进行控制的过程。通过上述绿色施工的基本概念总结绿色施工成本控制遵循以下几项原则。

一、全面原则

首先，建筑工程是一个整体项目，其中施工过程涉及管理、技术、决策、财务等各个部门，其成本控制亦是涉及整个项目的实施过程，所以本原则包括施工全过程；施工成本的多少不仅关系施工企业、甲方的利益，还关系第三方以及个人的切身利益，所以全面性又包括各个参与方和个人；绿色施工过程发生的成本不仅涉及人工费、机械费、材料费及其他管理费用等，还包括绿色施工所必需的其他措施费，所以全面原则又包含施工过程中的全要素控制。

二、成本效益原则

进行成本控制主要原因之一就是考虑到成本效益原则,在现代市场经济背景下进行任何商业活动都要考虑此项活动的成本效益关系。建筑项目的实施最终目的也是使得各方的效益最大化,所以绿色施工成本控制并不是意味着一味地降低成本而忽略施工质量,这样损害了用户、社会整体的利益。所以在考虑成本效益原则时要综合考虑影响绿色施工成本效益的各个因素并进行针对性、目标性的控制。

三、重点控制原则

绿色施工不同于传统施工过程,在进行成本控制时要对影响绿色施工方案的因素进行重点控制,即要有目标性、针对性。在全面控制的原则上单位全员要有统一的目标,要有对绿色施工整体流程清晰的认识,了解在项目进行绿色施工过程中面临的主要问题,从而进行重点控制。

四、动态控制原则

此项原则是基于建筑项目施工环境的主要特性之一动态变化性的,在进行相应的成本控制时也要随环境、社会经济、政策等的变化随时做出调整。但在进行施工之前应该制定详细全面的成本控制计划以及成本考核方案,在施工过程中通过实际成本的变化与预算成本进行对比并及时纠正偏差,这也是动态原则的重要体现。

第二节　绿色施工成本控制的因素

通过实地的调查分析，认为其影响因素是非常多且比较复杂的。概括起来，主要包括这几个方面：宏观经济因素，比如国家政策、法律法规、政府和行业规定、通货膨胀等；施工成本因素，像人工成本、原材料价格、机械设备成本、运营费用等；企业自身因素，如设计参数、图纸规划设计、施工方法与管理、工程质量监管、业主诚信等；自然因素，如地理环境、施工天气、气候等；其他的一些，诸如意外事故、突发状况等不可预测的情况。

绿色施工成本控制的影响因素有这么多，那么对于施工企业来说，正确认识和把握这些因素对施工成本的控制管理，就具有一定的指导意义。总结起来，这些影响因素主要包括可控因素和不可控因素两大类，本课题详细分析了这两类因素，并重点控制、管理可控因素。

一、可控因素

可控因素，即指项目施工中可能会对成本控制产生影响的因素，主要包括以下几个方面。

第一个方面，是人的因素，人即指所有与建筑工程有关的人员，比如行政人员、技术人员、管理人员、后勤人员等。他们是项目建设的主体，具有主观能动性，但尚未能深刻认识到绿色施工的重要性，事实上绿色施工效率、管理水平乃至操作是否得当，都是可控制、可管理、可提高的。

第二个方面，是设计因素。在施工图纸和施工方案的设计阶段，如果设计水平比较高，能够设计优化好，选择环保且性价比比较高的绿色施工材料，就会降低绿色施工的成本。

第三个方面，是技术因素。在施工过程中，施工企业如果能够采用先进的绿色施工技术，编制专门的专项施工方案，不仅可以提高施工效率，还会降低绿色施工的成本。

第四个方面，是安全文明施工因素。对于施工企业来说，安全文明施工是非常重要的，因为一旦发生安全事故的话，就会给企业造成巨大的经济损失。安全保障措施做得好，施工文明，不仅可以提高施工效率和安全性，还可以降低损失，减少成本，达到绿色施工成本控制的目的。

第五个方面，是资金因素。资金是否充足、使用效率和周转率是否比较高，都会影响到绿色施工的成本控制和管理。总之，这几个方面的因素都会对绿色施工的成本控制产生重要的影响，而且都是属于可控的因素，我们可以通过有效的控制和管理，达到降低绿色施工成本的目的。

二、不可控因素

建筑工程绿色施工的不可控因素，主要包括这几个方面。第一个方面，宏观经济因素，比如国家有关政策和制度规定的变化、通货膨胀的发生、市场供求关系的变化、原材料市场价格的变化等。第二个方面，自然条件和意外事故因素，比如气候的变化、突下大暴雨、地理环境条件、突发意外事故等。

这些因素具有不可控制性和不可预测性，很多是属于客观条件和人力不可抗拒的因素，对于这些因素，我们可以通过前期调查，详细地规划和安排，利用科学方法预测，结合之前施工项目的实践经验，做出有效的防范和管理，设计准备好相应的应对处理措施及相关方案，即可最小化绿色施工成本受不可控因素的影响。

第三节 绿色施工成本控制对象

结合与控制绿色施工成本有关的因素，明确施工成本控制对象，如表所示，主要包括如下几大方面，见表4-1。

表4-1 绿色成本施工控制对象主要内容

控制对象	主要内容
生产班组	结合支出各项费用的主体，有效控制建筑工程绿色施工成本，应严格控制各专业生产班组、施工队实施各工程绿色施工，充分发挥相关部门的职能作用，做好考评、指导、检查、监督等方面的工作；此外要求生产班组、施工队相关负责人要具有较高的成本控制意识，全方位提升自我控制成本能力，有机结合自控、专控、他控，健全"成本三控"制度
具体措施	绿色施工包含各类措施，且各项技术水平存在较大的差异性，因此所需的成本也不同，所以在实际施工中，应有针对性地控制各项措施成本，即控制绿色施工的直接成本。具体可通过科学设立专项绿色施工方案，并结合方案，合理确定控制目标、措施，最后实施具体的防控措施
绿色施工合同	绿色施工往往涉及很多合同，其各项都会直接影响施工总成本。基于此应重视合同管理工作，尤其是在购买绿色建筑材料时，应以计划为尺度，合理控制购买绿色材料的总费用。此外还应强化资金管理，确保整个项目资金的流畅性。最后还应按要求签订劳务合同、承发包合同，通过各环节的有效控制，最终控制施工总成本

第四节 绿色施工成本控制存在的问题

从当前建筑工程施工的实际情况来看，很多所谓的绿色施工仅简单参照了与清洁生产有关的法规。这些都只是一些表面措施，主要是为了应付政府相关部门的监督和检查而采取的，对于总成包方本身来说，并没有主动、积极地进行绿色施工。总结起来，总承包方存在的问题主要包括这几个方面，见表 4-2。

表 4-2 绿色施工成本控制存在的问题

存在问题	主要内容
意识问题	当前尚未完全普及绿色施工。项目参与方尚未能充分意识到绿色施工的重要性，甚至对其概念知之甚少。在实际建设项目中未能有效融入绿色施工。同时也正是因为认识不足，所以很多施工单位将经济效益置于首位，而忽视其他问题，这包括环境问题、资源问题。加之绿色施工的特点，即通常不会马上形成效果，且前期需要额外增加成本。所以很多施工单位不愿意主动甚至拒绝绿色施工，比如人民群众尚未形成公众参与意识，未能深刻认识到保护生态资源、保护环境的重要性；而从政府的层面来说，又往往由于能力、条件有限，因此在日常监管工作中尚未能真正做到绿色施工、建筑节能
国家政策	虽说当前我国相关部门高度重视绿色施工的发展，并颁布了一系列有力措施、政策。但是由于尚未形成完善的政治、社会、经济、技术政策，所以实际施行绿色施工管理时，尚存在诸多不利因素。同时也因为未形成健全的法律体系，使得一些建筑企业打着绿色施工的"旗号"钻法律空子，对整个市场造成不利影响。此外由于绿色施工的特殊性，即涉及各领域，所涉及的范围较为广泛，但是却未有专门的管理部门、负责机构，未能贯彻实施相关政策

续表

存在问题	主要内容
理论体系	尚未形成专门的法律体系，虽说当前我国已经颁布了具有一定引导性的《绿色施工导则》，但是缺乏完善的理论体系、评估标准。比如现有《绿色建筑评价标准》、绿色奥运评估体系等都仅评估建筑层面，总之未建立有效的评价体系，极大地限制了绿色施工的发展
技术基础薄弱，技术水平偏低	绿色施工离不开各方面的支撑，具体包括施工材料、工艺、管理等各方面，所以要求相关部门应加大投入，提升现场施工人员及管理人员的综合素质、知识能力，优化"四节一环保"效果。此外，材料行业应本着研发精神，积极推出更具高效性、环保性的建筑材料。只有全面普及绿色建筑材料，绿色施工才能进入全新的发展期，才能真正引起重视
经济效益问题	毋庸置疑建筑工程承包商普遍希望可以实现经济效益最大化，所以在其实际开展相关工作时，往往以市场经济为主要切入点。而忽视环保方面的问题，即追求最小化成本以最大化利润值。正是因为这样，所以在实施绿色施工时，过于重视成本方面的问题。所以承包商普遍存在不愿意甚至拒绝绿色施工的问题。加之我国特殊的国情，即尚处于发展中，成本过高极易成为阻碍应用节能环保、清洁生产等相关措施的主要原因

综上所述，在绿色施工方面，我国建筑工程企业尚存诸多问题，总体发展得不是良好。总结起来，究其根本原因，主要就是成本因素和经济效益的问题。我们从成本角度来分析，因为绿色施工的成本控制目标比传统施工目标多了一个环保目标的要求，所以施工成本会随之增加，而对于施工企业来说，进行建筑项目的施工，目的主要是赚钱、获取高额的利润。所以说，要想更好地推行绿色施工，提高施工企业的积极主动性，我们应结合成本控制这一层面分析，通过分析、研究成本控制，找出适宜的成本控制和管理方法，在保证绿色施工的前提下，降低成本提高效益，这才是比较有效的、具有实践指导意义的解决方法。

第五章

EPC 工程总承包项目绿色施工成本控制的方法

第一节 精益思想在施工阶段成本管理中的运用

在施工阶段由于影响因素多、管理不当，存在很多的资源浪费现象，造成了严重的成本增加，精益思想在 EPC 项目阶段的运用是消除浪费、节约成本的有效措施。以精益成本管理思想为基础，管理者可从以下几个方面进行 EPC 项目施工阶段的成本管理：

对全体施工参与人员进行精益成本管理培训，建立成本观念，在生产过程中时刻节约资源、消除浪费；

运用 WBS 分解法将施工过程逐步分解，明确定义每一个环节的成本费用，并根据设计阶段的目标成本进一步运用目标成本管理法细致地规划施工阶段的目标成本；

运用作业成本法分析施工作业，明确每一个作业的资源消耗和浪费情况，将成本量化，分析成本动因，消除不增值作业，降低成本；

实施末位计划体系，让生产一线人员参与施工计划和成本计划的制定，保证计划的可行性；

采用价值工程进行相应管理措施和施工方案的价值论证，保证其经济可行性；引入质量成本管理，避免质量问题引起的成本增加；实施过程中采用挣值法分析成本偏差并采取改进措施，力求降低成本；采用准时化施工，减少施工作业的积累，避免延误了工期造成成本增加；采用5S现场管理法营造良好的施工环境，提高项目实施人员的工作积极性和作业效率。

施工阶段精益成本管理的实施要在项目部由上而下地开展，领导层以身作则地根据项目实际情况实施，从提高员工职业素养开始，运用各种先进管理方式对工程项目实施科学的计划、控制，有效降低成本。

第二节　EPC项目精益施工成本管理的主要方法

EPC项目的成本管理是一个系统的、动态的过程，在其中引入精益成本管理思想能够针对项目成本特点和存在的问题进行管理和改善，所有方法的运用都是服务于控制和降低项目的成本、消除资源的浪费的，下面重点介绍几种效果显著的成本管理方法。

一、成本与进度综合控制的挣值法

（一）挣值法的理论概述

挣值法也叫偏差分析法，它是指以比较分析项目实际与计划的差异为目的，对项目的成本和进度进行综合控制的一种有效的项目管理手段。它将项目的成本与进度进行综合考虑，用项目的价值指标来形容项目的进度，准确测算项目的效率，预测项目的进度滞后或是费用超支情况，然后有针对性地采取成本改善措施，它是一种有效的项目管理手段。挣值法有以下特点：

用成本费用来衡量项目价值，能够综合反映项目的进度、成本、资源等多方面影响因素；

在项目实施工作相同的实际完成情况下，能够得出成本费用的偏差，然后采取相应分析和改进措施；

在项目相同的实际花费成本情况下，能够得出进度偏差，这里的进度并非时间差异，而是项目的工作量完成情况。

（二）挣值法的基本参数和评价指标

挣值法主要运用三个基本费用参数对项目的偏差进行分析，这三个参数都是有关时间的函数，它们具体如下。

（1）拟完工程的预算费用（budgeted cost for work scheduled，简称 BCWS）：

$$BCWS = 计划工作量 \times 预算定额单价$$

（2）已完成工程的预算费用（budgeted cost for work performed，简称 BCWP）：

$$BCWP = 已完成工作量 \times 预算定额单价$$

（3）已完成工程的实际费用（actual cost for work performed，简称 ACWP）：

$$ACWP = 已完成工作量 \times 实际单价$$

利用以上参数就能确定挣值法的四个评价指标，它们仍为时间的函数。具体如下。

(1) 费用偏差（cost variance，简称 CV）：

CV=已完成工程预算费用-已完成工程实际费用=BCWP-ACWP

(5-1)

(2) 进度偏差（schedule variance，简称 SV）：

SV=已完成工程预算费用-拟完成工程预算费用=BCWP-BCWS

(5-2)

(3) 费用绩效指数（cost performance index，简称 CPI）：

CPI=已完成工程预算费用/已完成工程实际费用=BCWP/ACWP

(5-3)

(4) 进度绩效指数（schedule performance index，简称 SPI）：

SPI=已完成工程预算费用/拟完成工程预算费用=BCWP/BCWS

(5-4)

根据以上指标可进行项目挣值法的分析工作，其中分析示意图如图 5-1 所示。

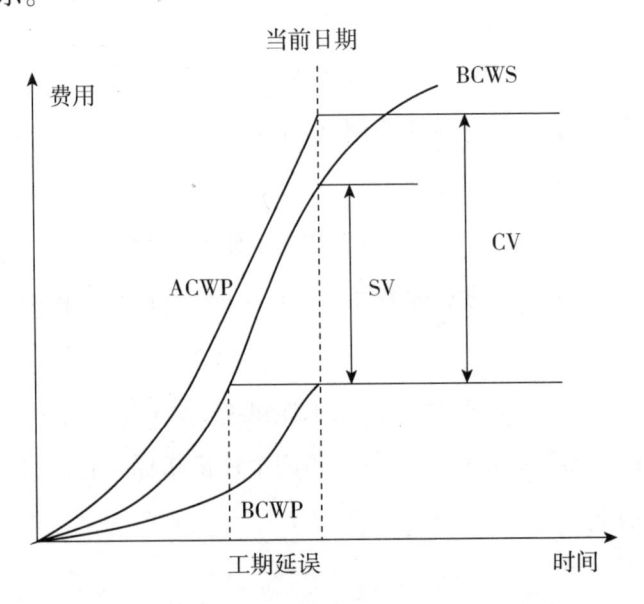

图 5-1 项目挣值法分析

对于挣值法分析示意图，有表 5-1 的解释。

表 5-1 挣值法分析示意图

费用	结余	超支	一致
费用偏差（CV）	>0	<0	=0
费用绩效指数（CPI）	>1	<1	=1
进度	提前	延误	一致
进度偏差（SV）	>0	<0	=0
进度绩效指数（SPI）	>1	<1	=1

根据以上指标可以预测项目在完工时的总费用如下所示。

（1）当未完工程按照目前的实施效率进行时：

预计完工时总费用=累计已完工程的实际费用+未完工程按照目前效率进行时的费用估算即

$$EAC = f(x) = \sum_{i=1}^{t} ACWP_i + \left(\sum_{j=1}^{n} BCWS_j - \sum_{i=1}^{t} BCWP_i \right) / CPI$$

(5-5)

式中：t 为检查时刻；n 为总工期。

（2）未完工程按原计划效率进行时：

预计完工时总费用=累计已完工程的实际费用+未完工程的预算费用即

$$EAC = f(x) = \sum_{i=1}^{t} ACWP_i + \left(\sum_{j=1}^{n} BCWS_j - \sum_{i=1}^{t} BCWP_i \right) \quad (5-6)$$

（3）重估未完工程所需费用：

预计完工时总费用=累计已完工程的实际费用+未完工程所需费用的重新估算额。

根据指标进行偏差百分比分析：

设 SPCI 表示进度偏差的百分比，CPCI 表示费用偏差的百分比，则

$$SPCI = \sum_{i=1}^{t} BCWP_i / \sum_{j=1}^{t} BCWS_j$$

$$CPCI = \sum_{i=1}^{t} ACWP_i / \sum_{j=1}^{n} BCWS_j$$

（三）运用挣值法的一般步骤和意义

在工程项目实施中，可根据以下步骤实施挣值法分析：

（1）根据费用曲线确定检查点上的 BCWS 参数；

（2）计算到检查点为止的工程成本费用实际消耗情况，得出 ACWP；

（3）计算到检查点为止的项目完成情况，计算 BCWP；

（4）根据以上三个参数计算 CV、SV、CPI、SPI，判定项目执行情况；

（5）根据各指标分析项目实施的进度费用偏差，采分析成本动因，取相应的成本改善措施。

在工程项目的成本控制中才有挣值法的意义：

可以用挣值法分析曲线形象地表示计划要求与实际实施情况之间的差异；

根据项目的实际进度和成本费用使用情况可以分析项目施工的生产效率；

可以通过不断地对项目实施进行分析和改进，动态地控制成本；

通过分析可以客观反映项目实施情况，能够有针对性地分析问题和提出解决方案，并量化动因对进度和成本的影响程度，根据科学性和可执行性，为作业成本法、质量成本管理、价值工程分析等精益技术奠定基础。

二、作业成本法

(一) 作业成本法的概念

作业成本法又称 ABC 法，它是一种以分析作业成本动因为基础的成本管理方式，它的基本思想：产品引起作业消耗，作业导致资源消耗；作业引起成本的形成，生产导致作业的发生。ABC 法根据作业引起资源消耗的情况将成本分配到具体作业，再根据项目或产品作业量，将成本分配到项目或产品，最终归集为总成本。作业成本法同等对待直接成本和间接成本消耗的作业成本，让成本分析更加精确，作业动因的分析更直观地凸显浪费情况。作业成本法与传统成本管理法相比，主要有以下几点不同。

1. 成本管理的对象不同

传统成本法以"产品"为中心，归集项目总成本，ABC 法则以"作业"为中心，在分析成本动因的基础上进行成本归集。

2. 成本的计算程序不同

传统成本法按照部门合计成本，而 ABC 法则按照实施的生产作业归集成本。

3. 成本计算的范围不同

传统成本法主要计算产品成本，而作业成本法则除了计算产品成本外，还要分析作业成本和动因成本，更加全面、科学。

4. 成本分配标准不一样

此区别主要针对间接费用，传统方式主要是以财务变量标准，而 ABC 法则可以以财务变量和非财务变量为标准。

5. 得出的成本信息不同

传统成本法得出的是最终的产品整体成本,而作业成本法得出产品成本的同时,分析了作业成本和成本动因,为成本改善提供了依据。

作业成本法的基本体系如图5-2所示

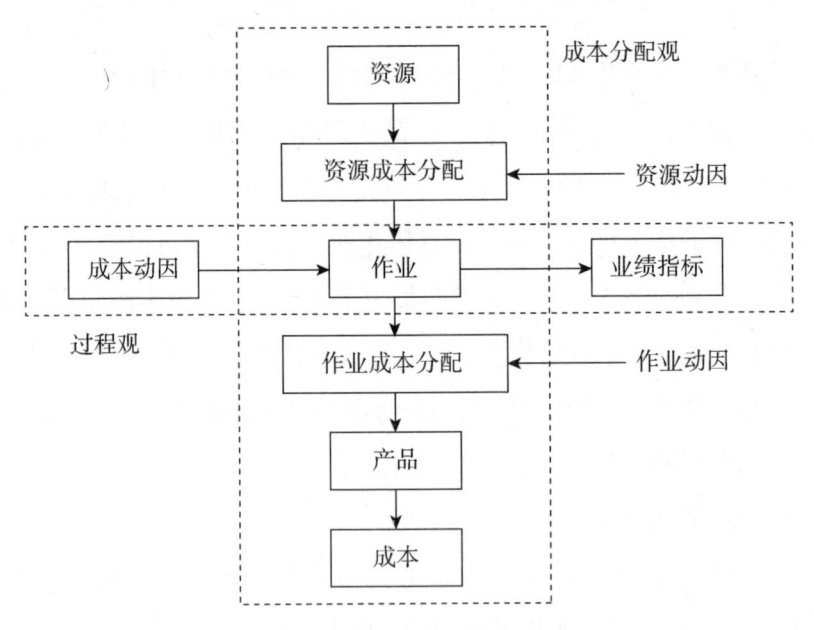

图5-2 作业成本法的基本体系

(二)作业成本法的实施意义

作业成本法能够更加详细地描述产品的成本消耗情况,让项目的成本管理更具有针对性;产品作业的划分能够详细分析产品成本动因,明确浪费环节,有利于制定成本改善措施、消除浪费;能够更准确地测算项目的成本,有利于目标成本管理;能够让企业辨认最具价值的产品、生产环节或是管理方式,以及不利于成本控制的生产或管理方式;能够提高管理人员和生产人员的成本管理意识,在生产细节上就对成本开始加以控制；在作业成本分析的基础上提高项目实施效率，提高项目效益。

（三）作业成本法的实施程序

在具体项目的实施作业中，可按照以下措施程序实施作业成本管理法：进行项目生产作业分析，划分作业类别，将相同的作业类型归集在一起，建立相应的作业成本库；将发生的成本费用按照成本发生动因分摊到各成本库；确定每一个作业的具体成本动因，作为费用分摊根据和基础；将各个作业成本库的成本费用计入最终产品，根据成本动因计算出相应分配率，分配成本到产品上，得出产品的总成本和各单位成本。在最后不仅得出了相应产品的成本，还找出了相应的成本动因，为实施成本改善提供了科学的依据。

三、质量成本管理法

质量成本指的是企业在项目实施过程中为了保证和提高产品质量而付出的一切费用成本，或者是生产产品的质量未能满足客户需求标准而造成的一切成本损失。产品的质量成本包括以下四个方面的内容。

1. 预防成本

在生产过程中用于预防产品质量出现问题而形成的各项费用，比如生产实施策划、工艺设计和评审、人员培训等费用。

2. 鉴定成本

用于鉴定产品是否符合客户需求而产生的费用，比如试车、检测等产生的一切费用。

3. 内部损失成本

产品交付之前因不符合质量标准进而实施改善产生的费用，比如返工、复检、停工、故障等引起的成本费用。

4. 外部损失成本

在产品交付之后由于质量问题导致的赔偿、更换、维修、信誉损失等造成的一切费用。

质量成本管理指的就是在生产过程中，采取科学的管理手段对质量成本的形成以及内容进行管理，消除不必要的费用支出，在保证产品质量的同时降低成本，实现质量和成本的高度协调。在EPC项目施工阶段实施质量成本管理具有以下重要意义。

1. 有利于控制和降低项目成本

对于建筑产品来说，其高质量要求和高投资迫使项目管理者必须寻求成本与质量的高度协调，质量成本管理法是实现这一目标的有效途径。

2. 能够提高产品质量，提高顾客或业主满意度

对于建筑产品，业主对项目的质量功能要求是较高的，项目的质量更涉及生命财产安全，分析产品的质量成本能够提高产品的经济可行性并预防质量出现问题。

3. 有助于项目管理层掌握质量管理和成本管理中存在的矛盾和问题

通过对项目成本质量的分析，能够剖析项目实施中质量保障和降低成本之间存在的问题，保障质量，提高经济效益。

4. 有助于项目成本管理的完善和发展

质量成本管理这一管理方式完善了项目管理中单一的成本管理和质量管理，让成本管理更加科学和广泛。

成本质量管理的实施有以下基本原则。

1. 全员参与原则

质量成本管理法的实施需要所有员工的参与，并非某一部门的责任。只有每一个人都有质量成本观念，其在项目中的推行才会顺利，效果才会明显。

2. 平衡适宜原则

在项目实施过程中不能一味追求质量最高或是成本最低，这样只会导致质量好成本过高或者成本低质量差的结果，质量成本管理应该寻求质量与成本的平衡点，保证达到质量时成本最优。

3. 实际可靠原则

项目实施过程中质量和成本的各个参数，使用材料设备、设计方案的具体数据务必真实可靠，在真实可靠的基础上进行的质量成本管理才是有效的。

4. 职能化和规范化原则

企业必须将质量成本管理纳入其管理职能，建立相应的实施规范，保障质量成本管理方案的顺利推行。

5. 体系化原则

将质量成本管理纳入项目的成本管理体系，在项目的成本控制实施中按照一定的成本标准来实施质量成本的分析和核算、决算。

基于以上概述，在项目实施过程中可按照以下措施实施质量成本管理：

规范化质量成本管理的实施，形成相应的项目职能，加强对全体项目生产人员的宣传和培训，增强质量成本观念；

建立质量成本管理体系，形成一定的考核标准和实施制度，保证措施实施；

制定质量成本管理实施计划并付诸实施，加强施工的精细程度，避

免由于施工不当或者不按标准化施工造成质量问题,进而发生返工、索赔,甚至是安全问题,最终造成了成本的严重增加;

实施过程中做好项目的查验工作,保证质量,对施工方案要进行质量成本分析,明确质量要求和相应的目标成本,实施过程中严格控制,不断改善;

可以适当地增加项目的预防、鉴定成本,消除内部和外部故障成本,最大限度节约成本;

不断提高生产人员的工作素养,项目质量的好坏往往很大程度取决于生产工人的施工方式和认真程度,加强生产工人的技术培训和职业素养培训,提高施工人员素质,能够保障项目的质量成本;

建立相应的质量成本责任制,让生产人员严格按照标准实施生产,减少故障率和返工率;

不断对项目的实施进行节点的质量成本核算与分析,找出问题,不断改进,保障保质保量地实施项目,同时达到成本最优。

四、BIM 技术的运用

BIM 即模型,它是指对建筑项目各个方面的数据信息进行集成,建立模型,数据化模拟建筑物的真实情况和建造的全过程,BIM 运用于项目的设计、施工和管理上,它具有模拟性、可视性、协调性、优化性、可出图性五个特点。

在项目实施过程中它能够根据设计图纸进行 5D 建模,进行虚拟化施工,提前找出项目的设计问题以及项目可能发生的问题,在项目前期就能预先发现并解决问题,保证项目顺利进行,节约资源。BIM 技术在项目的成本管理上具有以下作用:

BIM能够用于目标成本的制定，运用BIM对项目的预先建模，精确计算工程量和项目成本；

实施虚拟施工，提前找出施工中的浪费环节和可能出现质量成本增加的环节，进行再次优化；

在施工前运用BIM能够检测出设备碰撞的设计错误，减少设计带来的质量问题和成本增加；

BIM数据可作为成本改善的依据，更具科学性和可行性，它在项目的全过程管理中起着巨大的作用。

总之，BIM是对建筑行业的一种革新，BIM的实施主要就是要成立相应的BIM小组，招纳BIM人才，在项目实施的全过程融入BIM技术和思想，预先控制项目的实施，排除问题，实现精益工程。

EPC项目精益施工成本管理的主要流程如下。

由于EPC项目总承包的特点，承包商往往可以在设计阶段就对整个建设项目进行成本的规划，因此，在施工阶段来说，主要进行规划的实施，进行成本的核减和改善。也就是说，施工阶段的成本管控是在设计阶段的目标成本规划的基础上进行的。施工成本控制是整个项目实施过程中最为复杂和多变的成本管理阶段，在此阶段出现的不精益现象也是最多的，这就需要包括建筑工人、技术部、生产部门等在内的所有项目参与者共同建立起成本管理和资源节约观念，认真执行每一项成本管理措施，将精益思想在成本管理中的运用发挥出最大的效果，实现质量、成本、进度、安全等高度协调和最优的精益工程目标。EPC项目施工阶段的精益成本管理可根据图5-3实施。

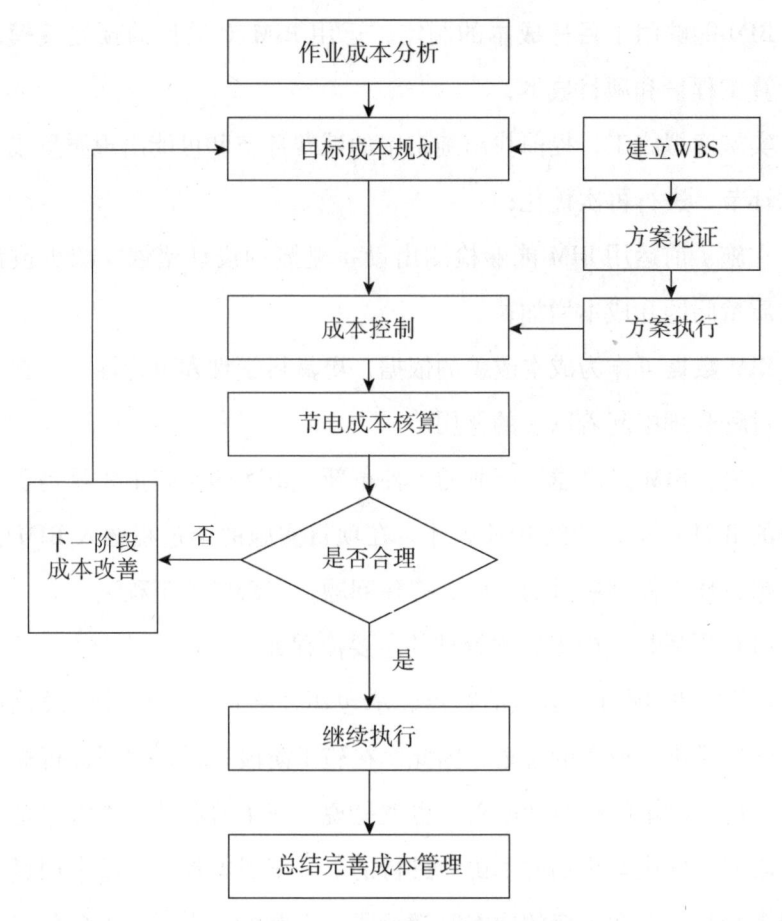

图 5-3　施工阶段的精益成本管理

第三节　EPC 项目精益施工的 5S 现场管理

一、5S 现场管理的定义

从组织行为学和心理学的角度出发，一个良好的、安全的、整洁的工作环境在提高员工的工作效率方面具有重大意义。一天中员工很大一部分时间是在工作环境中度过的，对于他们来说，工作环境就是另外一个"家"，一个积极整洁的工作环境能够提高员工的工作积极性和执行能力，让他们主动而不是被动地工作。在项目成本管理过程中，不管多有效率的管理方式、多么科学的工作制度，它们实施的主体就是员工，要让这些管理措施真正发挥其应有的效果就要想办法提高员工的主观能动性，没有员工能在一个脏、乱、差的工作环境下安心工作。施工现场管理指的就是建筑企业对项目现场的材料堆放、机械放置、成品保养、施工垃圾处理，以及办公室的整理、资料存放等采取的一系列安排措施，让所有的环境因素都处于良好的状态，让生产总是处于一个整洁有条理的环境下进行，提高员工能动性。

5S现场管理法又名五常法，5S指的是整理（SEIRI）、整顿（SEITON）、清扫（SEISO）、清洁（SEIKETSU）和素养（SHITSUKE）五个方面的现场管理内容。5S现场管理就是施工现场管理最为有效的措施，它人性化地综合考虑工作环境，致力于改善施工现场的作业环境，为员工和作业创造一个积极的环境，让施工作业和一系列的成本管理措施高效执行。5S现场管理主要有以下几个方面的内容。

（一）整理

对施工现场的物料、机械等进行整理分类，理清什么是现场必需的和非必需的，对于非必需品或者目前不用的要清理出现场，保持施工现场整洁有次序。

（二）整顿

将施工现场必需的物料进行整顿，并以方便施工为原则进行现场的堆放布置，减少库存，提高项目物资的取用效率，消除由于物资堆放不合理造成的搬运费、仓管费等。

（三）清扫

对于施工现场或办公室内由于施工或办公留下的垃圾要及时清理，认真维护，消除报废钢筋、铁钉等带来的安全隐患，营造一个良好的作业环境。

（四）清洁

清洁就是以上三步的保持与深入，养成员工良好的清洁习惯，施工环境的维护需要所有人的努力，要做到环境的时刻整齐与干净卫生，保证良好的工作环境。

（五）素养

素养主要是指项目所有参与人员的职业素养和道德素质，要培养施工人员遵守规章制度、按规范施工，拥有良好的成本、质量、安全等观念，提高建筑工人的职业技能和工作积极性，因为项目各项措施的实施是要靠人员去完成的，作业人员的素养往往决定了项目成果的优劣。

二、EPC 项目精益施工实施 5S 现场管理的具体措施

以项目部为基础成立实施监督机构每一项措施的有效执行都需要一个负责部门去推行，成立的 5S 管理小组要经过认真地策划部署，制定相应的推行方式和考核办法，标准化执行和管理，形成一个科学的执行体系；

对员工进行 5S 管理理念的宣传教育和培训必须要让 5S 现场管理理念深入人心，让每个员工都有此理念，共同执行，主动承担，才能真正实现工作环境的清洁；

将制定的措施和制度在项目实施人员之间推行，并不断地调查和反馈，采取一定的奖罚激励措施辅助执行；

不断地反思和改善实施措施，将 5S 现场管理纳入项目管理，实现真正的文明施工，实现施工现场清洁有序，为员工创造良好的工作环境，提高其他项目管理措施的实施效率。

5S 现场管理法的推行能够提高员工对项目现场的亲和性，促进现场工作的积极主动性，从每一个细小环节营造成本节约的氛围，让其他很多的项目管理措施标准化推行，提高了项目作业效率，构建了文明施工现场。

第四节 基于 BIM 的 EPC 项目成本管理解决方案

一、投标决策阶段 BIM 应用

EPC 模式下的投标不同于传统模式的投标，应用 BIM 技术，可以全面考虑项目外部条件，并对拟建项目相关信息进行可视化展示；同时通过之前的积累，参考类似项目的设计、咨询、施工、管理等费用，为投标决策提供信息支持；通过创新的"EPC+BIM"管理模式，提高 EPC 项目团队的决策效率，增加投标报价的合理性、科学性，降低 EPC 项目前期工程成本管理的风险。

(一) 投标决策新途径

BIM 技术具有可视化特性，可通过三维模型、真实的现场环境、模拟动画等进行 EPC 项目前期信息的汇总、表达和沟通，从而在项目前期为投标决策提供一个形象、真实、三维的现场环境展示，呈现出拟建工程项目相关的外围条件和信息。

EPC 项目的投标决策阶段，需考虑的影响因素包括场地的地貌、当地的气候、拟建项目周边的商业环境、交通流量、该地区的人口数量及相应的基础设施情况等，这些与拟建项目相关的环境资料和数据，投标决策阶段应进行全面、充分考虑。在 EPC 项目的决策阶段，利用 BIM 技术的可视化特性，可通过收集相关数据，快速、最大程度地模拟工程周围的环境，同时承载决策所需的相关信息，在此基础上，可确定拟建项目最佳的实施方案。应用 BIM 技术将拟建项目方案与周边社会环境、自然环境结合，可对 EPC 项目投标决策阶段的工程成本管理提供全面、完整、所见即所得的决策依据。在 EPC 工程项目投标决策阶段，应用 BIM 技术能够更加充分地表达出业主方的要求，提高与业主方的沟通效率；同时可在项目前期提高决策效率，能够更加合理地规划布局，避免场地浪费，节约资源，提高决策的全面性、合理性。

根据项目任务书明确的内容和要求，同时收集、整理拟建场地周边自然及社会环境信息，可利用"BIM+GIS"技术，通过对三维场地和模型的分析，明确拟建项目工程成本的核心要因，在 BIM 技术提供的可视化项目电子沙盘上，可高效确定解决方案。即可在项目开始阶段，尽可能科学、合理地初步确定最优方案，从而避免投标决策阶段产生较大偏差，降低工程成本管理的风险。见图 5-4 "BIM+GIS" 流程图。

当拟建项目地形十分复杂时，详细地地形分析是决策的重要因素，

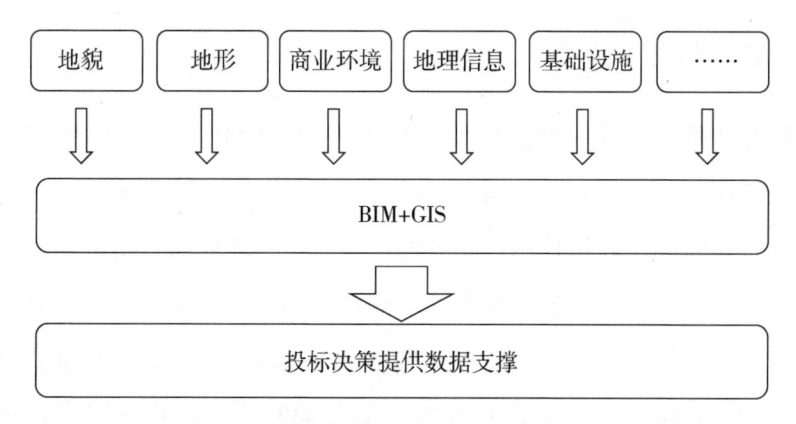

```
┌──────┐ ┌──────┐ ┌────────┐ ┌────────┐ ┌────────┐ ┌──────┐
│ 地貌 │ │ 地形 │ │商业环境│ │地理信息│ │基础设施│ │ …… │
└──┬───┘ └──┬───┘ └───┬────┘ └───┬────┘ └───┬────┘ └──┬───┘
   ↓        ↓         ↓          ↓          ↓         ↓
┌─────────────────────────────────────────────────────────┐
│                      BIM+GIS                            │
└─────────────────────────┬───────────────────────────────┘
                          ↓
┌─────────────────────────────────────────────────────────┐
│              投标决策提供数据支撑                       │
└─────────────────────────────────────────────────────────┘
```

图 5-4 "BIM+GIS" 流程图

会对投标决策阶段的工程成本管理产生较大影响。"BIM+GIS"技术为复杂地形分析提供了高效的解决方案，可方便、快捷地对拟建场地周边的地形高程、坡向及坡度等空间数据进行分析，为复杂地形的 EPC 项目前期的工程成本管理，提供了新思路和新工具。同时，"BIM+GIS"的分析结果可保存、传递，为下阶段的工作提供依据。"BIM+GIS"可以整合项目投标决策阶段的相关数据，可为拟建项目后续阶段使用。

规划可视度是指在拟建项目周围，某特定建筑的可见程度。项目周围地形的起伏、特定建筑的外形特点等都会影响可视度的结果。通过 BIM 技术的应用，可对方案进行可视度分析，确定各区域的遮挡严重程度并进行可视化呈现，在此基础上进行有针对性的优化，避免拟建项目实施阶段的相关风险。应用 BIM 技术，可对场地自然通风条件、潜力及日照分析等进行模拟，以便在项目前期对整体布局等决策提供数据支持；还可通过提取 BIM 模型中的成本相关信息进行投标报价估算，对拟建方案的经济性进行评价。

BIM 技术为 EPC 项目投标决策阶段提供了新思路、新技术和新方法，为项目前期工程成本管理工作提供了新途径。

(二) 信息化应用

信息化是指培养、发展以计算机为主的智能化工具的创新型生产力。经过探索与实践，信息化技术已在工程建设的全过程有了一定应用。通过互联网、通信技术、物联网、大数据、地理信息系统等技术的融合应用，对工程相关信息抽象为结构化数据，可高效地进行存储、查找、修改、更新等管理工作。BIM 技术是信息化的重要支撑和组成部分，在投标决策阶段应用 BIM 技术，可为 EPC 项目的投标决策提供数据支撑，提高决策效率与管理的科学性。

由于 EPC 项目参与方众多，建设工期长，整个项目过程中的工程成本信息量巨大，这就需要在项目开始阶段确定信息化应用思路，随着项目进展，逐步建立、完善 BIM 模型，并以此关联、整合 EPC 项目相关的成本信息，实现成本数据的集成与共享，为设计阶段及后续阶段的工程成本管理提供准确、可靠的数据支持。

在投标决策阶段，通过三维信息模型，辅助 EPC 项目进行投标工程成本管理，可在项目前期缺少相关资料的情况下，提升投标估算的准确性、合理性。三维模型可承载工程项目全过程的工程成本信息，通过对模型几何属性的查询、调用、计算和统计，可自动地、较为完整地计算出所需材料的数量；通过与概预算数据库挂接，通过对应编码对各分项工程成本进行计算、统计，从而能快速而准确地得出工程项目的总成本。

基于以往 EPC 项目的 BIM 模型对工程成本数据的积累，通过分析、查找相似项目的各项成本指标值，考虑适当的影响因子，供拟建 EPC 工程项目的投标估算使用，可提高估算的准确性。基于企业数据库中以往项目信息模型及信息化成果的积累，也可借助以往相似程度较高项目的信息模型，根据拟建项目的边界条件进行一定的修改，在此信息模型的基础上进行投标成本估算分析，可尽量减少投标成本中的漏项和重复计算，提高成本估算的准确性。根据项目前期的具体要求，确定查找范围，筛选出之前类似项目的 BIM 模型，通过多个模型的成本信息对比，以及对拟建项目各要素的模拟分析，可较为快捷地明确不同方案的优缺点，再进行符合要求的方案整合，提高项目投标阶段的决策效率，节省资源和前期成本的投入。通过拟建项目决策阶段的信息模型，可保存投标决策阶段的相关资料，为拟建项目后续阶段提供本阶段的数据、信息，为以后类似 EPC 项目工程成本管理的 BIM 应用提供参考、借鉴。

通过以 BIM 技术为核心的信息化应用，可显著提升 EPC 项目在投标决策阶段工程成本管理的科学性，同时提高工程成本管理信息化水平，为 BIM 技术应用到 EPC 项目各阶段的工程成本管理工作打好基础。

（三）创新管理模式

BIM 技术是土建行业系统性的技术革新，可为 EPC 项目成本管理提供新技术、新软件的支持；EPC 模式可为 BIM 技术提供体制保障，最大程度发挥 BIM 技术价值。"EPC+BIM"模式，即新型生产关系加新型生产力的创新解决方案，可为项目管理提供新方法、新思路和新模式。BIM 技术的核心是信息，而信息共享、让数据说话是实现 BIM 价值的基础。BIM 技术是实现工程项目信息化的重要手段，可集成 EPC 项目各阶段工程成本数据和相关信息，项目各参与方可根据相应权限获得共享信息，同时根据各自工作内容为工程项目 BIM 模型增加准确的、专业的成本数据。BIM 技术在设计与施工阶段得到了广泛应用，取得了良好的效果。经过十几年的研究、探索和实践，BIM 技术在协调项目各参建方、有机形成一个整体高效开展工作方面的优势已经突出地显现出来。通过BIM技术的应用，可以实现项目信息在各阶段、各参加方之间共享，为项目管理提供全面的、完整的、有层次的和正确的数据支撑，提高决策效率和科学性。

实践证明，BIM技术在自身应用水平接近或相同时，发挥潜在价值的多少，与管理模式息息相关。传统的管理模式，由于客观各方面条件的限制，缺乏对项目相关信息的集成和分析，多为被动式管理，即出现问题才制订解决方案，事前控制、预警分析不足。

由于BIM技术的应用，项目在前期即在最大程度上获得、集成、共享所需信息成为可能，这就需要加强项目的整体管控力度，在前期使各参建方在统一要求、规定下，提供项目所需数据，之后进行统一顶层设计，为BIM在项目全过程的应用打下基础。EPC模式特点刚好满足BIM应用对项目的要求。EPC项目管理模式已在国内各行业逐步推广，EPC项目成本管理应发挥自身管理模式的优势，在成本管理中探索、应用更加高效、科学的"EPC+BIM"的管理新模式，在项目前期即形成各参与方通过BIM技术进行项目信息共享的工程成本管理模式，为BIM技术在EPC项目全过程的应用打好基础。图5-5为项目全生命周期BIM信息集成与共享。

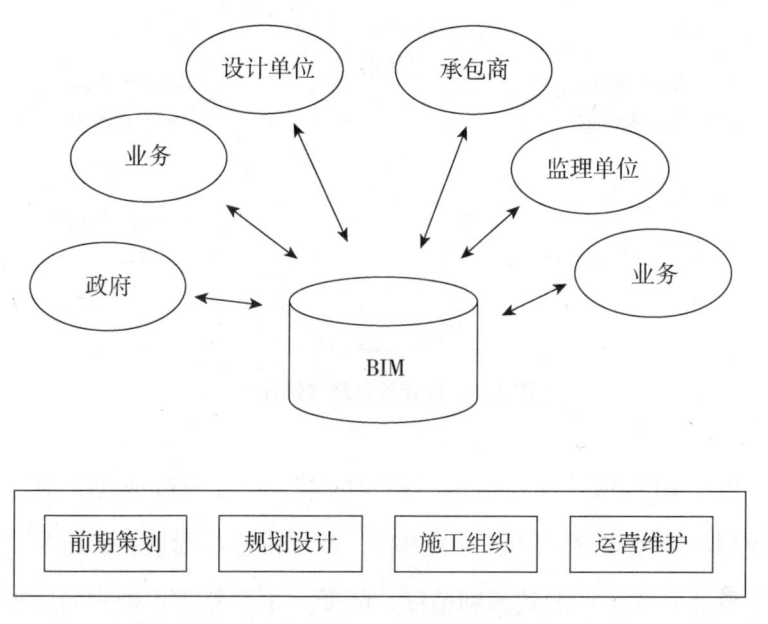

图 5-5　项目全生命周期 BIM 信息集成与共享

二、设计阶段 BIM 应用

BIM 技术具有数据源同一、数据可共享的特点，对于较传统模式下难度更大的 EPC 项目设计阶段，可实现项目成本信息的集成与共享，为设计工作的开展提供较为全面、可靠的数据，可获得较为准确的成本结果。同时，可通过对 BIM 模型添加成本维度，实现对比，选方案较为合理的经济性评价；同时，可对施工过程中问题提前预判，使得设计阶段成本管理取得事半功倍的效果，如图 5-6 所示。

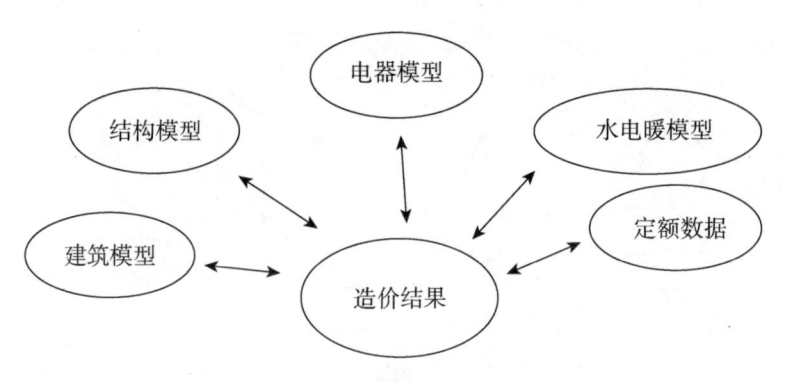

图 5-6　设计阶段经济性评价

此外，由于 EPC 项目存在诸多不稳定因素，设计修改或优化时，可在已有模型基础上修改、更新相关内容，即可快速得到量、价结果，大大提高了设计修改工作的效率和精度，降低了本部分工作带来的成本管理风险。

（一）BIM 协同设计

协同设计是指，由项目的各参建方共同、高效完成项目的设计工作，达到预期目标的一种工作方法；这就需要项目资料、数据和信息在开始阶段，即由各参加方共同创建、集成并共享，同时可按权限读取、编辑、修改和更新项目内容，从而实现各参加方之间的各种工作流程。BIM 技术与协同设计相融合，即通过三维信息模型，作为项目各类资料的载体和结构树，以此展开项目数据、信息的组织和应用，创新性地应用 BIM 协同设计，可提高设计阶段的整体效率和成果质量，为设计阶段成本管理工作的开展提供了新的解决方案。

人的知识是片面的、有限的，很难掌握某个问题的所有信息和具体规则，可认为是有限理性。而设计成果是设计人员的工作成果，因此结果受所获得的信息是否全面的影响很大。如何让设计人员在项目开始阶段，即尽可能全面地获得成本信息，是提高成本管理成效的关键。应用BIM技术，通过在设计阶段搭建协同设计平台，可在最大程度上集成、汇总项目工程成本信息，在各参与方之间实现数据共享；同时工程涉及的各设计专业根据工作内容、职责划分，可有序添加与工程成本相关的信息，供项目设计团队开展协同设计工作使用。

实现设计阶段的协同设计，有软件间协同、平台级协同两种方案。软件间协同是指不同平台的BIM软件通过BIM信息模型共享，进行各专业BIM模型的建立、合模及BIM应用，实现设计阶段的协同成果信息化，工程成本数据的共享。目前，大多数BIM应用仍局限在某一阶段或某几个专业上，跨专业、跨阶段的信息无损传递和集成未能完全实现，这极大影响了BIM潜在价值的发挥。故有必要研究BIM模型在不同设计人员、不同专业、不同阶段间的共享，以此实现真正意义的协同设计。平台级协同是指各设计专业，通过一个平台多个软件建立统一的项目信息模型，在设计过程中，可方便、快捷、准确地获得设计所需的各项参数和边界条件，最大程度减少设计阶段的"差、错、漏、碰"，提高设计效率和设计质量。基于BIM技术确定的协同解决方案，搭建项目级协同平台，通过不同设计人员间、不同软件间、不同阶段的信息模型共享，对工程项目设计阶段及后续阶段进行全面的、动态的工程成本管理。图5-7为基于BIM协同平台的信息共享。

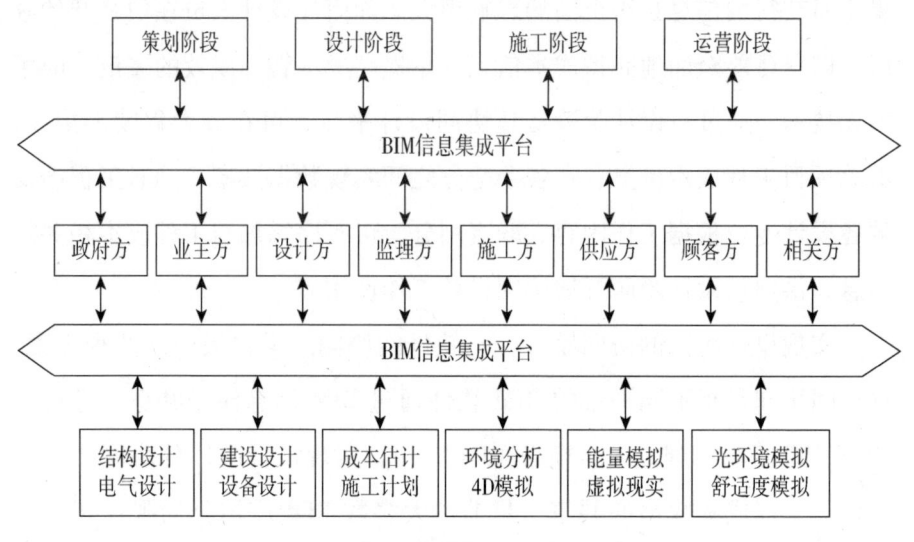

```
         ┌────────┐  ┌────────┐  ┌────────┐  ┌────────┐
         │ 策划阶段 │  │ 设计阶段 │  │ 施工阶段 │  │ 运营阶段 │
         └────┬───┘  └────┬───┘  └────┬───┘  └────┬───┘
╔══════════════════════════════════════════════════════════╗
║                   BIM 信息集成平台                         ║
╚══════════════════════════════════════════════════════════╝
   ↕     ↕     ↕      ↕      ↕      ↕      ↕      ↕
 ┌────┬─────┬─────┬─────┬─────┬─────┬─────┬─────┐
 │政府方│业主方│设计方│监理方│施工方│供应方│顾客方│相关方│
 └────┴─────┴─────┴─────┴─────┴─────┴─────┴─────┘
╔══════════════════════════════════════════════════════════╗
║                   BIM 信息集成平台                         ║
╚══════════════════════════════════════════════════════════╝
```

图 5-7　基于 BIM 协同平台的信息共享

（二）技术经济统筹分析

在设计阶段，由于传统项目模式的影响，大多设计人员往往忽视设计方案的经济性分析，或者分析的深度不够。应适应 EPC 模式特点，将成本管理作为全过程管控的重要抓手，在设计过程中，不但技术上可行，而且经济性合理，EPC 工程成本管理，应对设计方案等问题进行技术经济统一分析，以确定工程成本的合理性，为设计阶段的工程成本管理提供依据，从源头上控制工程总投资，提高设计阶段工程成本管理的成效。

实际 BIM 应用中，可将拟建项目三维模型中的最小模型单元与概预算定额数据库挂接，通过提取三维模型的几何属性和相应定额，根据相关要求编制计算规则，可实现对设计方案进行快速、准确的工程成本的计算，方便将设计意图和经济指标统筹分析、对比，从而在优化设计方案的同时，可兼顾 EPC 项目成本管理的要求与目标。通过应用 BIM 技术，可为设计人员提供创新的、高效的解决方案，满足技术和经济的双重要求。

设计开展过程中，要全面考虑项目各方面的影响因素（例如设计成果需满足节能环保方面的要求），最重要的是，需要兼顾拟建项目设计成果在施工阶段施工方案的合理性和经济性。设计方案比选过程中，需要与施工方加强沟通，通过设计阶段的 BIM 模型，对施工方案进行模拟、分析，以此确定施工方案的可行性和工程成本，从设计和施工、技术和经济的角度进行全方位考虑，对设计方案进行优化，实现技术可行、成本经济的目标，同时提高了设计阶段工程成本管理的效果。

（三）提高计量效率、质量

设计阶段随着设计工作的逐步深入，明确最优的设计方案后，进入施工图设计环节，如何基于设计成果，快速、准确地得到工程数量成为工程成本管理的关键。

随着建筑业的飞速发展，建筑规模变大、异型结构变多、建筑结构形式更复杂，使得原本效率、质量不高的计量工作变得愈发困难。传统算量工作效率不高，其主要原因是设计成果采用传统的二维模式表达。传统的 CAD 算量方法，成本人员必须先理解图纸，然后将个人理解的图纸信息转化为数字，输入 EXCEL 计算表格或计价软件中套取定额组价，最后生成工程量清单，完成成本工作。在 CAD 设计图纸中，只能使用点、线、面等二维图元，无法直观、完整地表达建筑实体的三维几何信息；平、立、剖面的设计表达形式，具有很大的局限性，在面对空间异形的复杂建筑设计时更加困难，甚至无法准确表达设计意图和信息，导致成本人员理解图纸都很困难，工作效率相对较低。CAD 图形中的构件没有逻辑关系，无法承载扣减关系等算量规则，在设计变更时，除计算变更工程量还需要重新考虑扣减关系等因素，大大增加了计量的工作量。

应用BIM技术，在设计开始阶段，即建立符合精度要求的工程BIM模型，提取各构件几何信息，通过制订相应规则，软件可自动得到工程项目各分项的准确工程数量，与概预算数据库挂接，自动套用概算定额或者预算定额计算不同阶段工程成本。随着设计的不断深入，需综合考虑各参建方意见修改设计方案，对相关模型进行修改，相应的工程成本可自动调整，实现设计阶段工程成本管理的联动性和实时性，避免了EPC项目概算超过估算的风险。通过BIM应用，保证拟建项目设计阶段的科学性、经济性和可靠性。在详图设计中，可视化地对施工现场情况进行分析，通过三维模型对施工图纸进行校核，不断对设计细节进行优化，从而实现设计阶段工程成本的精细化管理。另外，利用BIM可视化技术进行碰撞检查，修改并优化设计模型，提高工程数量的稳定性，避免施工过程中的返工，减少施工阶段的变更，从而减少因此产生的工程数量变化，提高工程成本管理的效果。

BIM技术应用于工程成本管理的计量工作，是国内已经成熟的技术路线和解决方案，形成了一系列行业标准，明确了BIM模型在工程成本计量中应用的相关要求。其中《建筑信息模型应用统一标准》要求：应根据项目全生命周期需求建立模型，满足各工作、各阶段、各参加方快速、准确地获得、更新和管理项目相关数据。同时，《建筑工程设计信息模型交付标准（征求意见稿）》对BIM模型的精细度提出了严格的等级标准：表5-2为建筑工程阶段、BIM模型精细度、成本用途及涵盖的内容。

表 5-2 建筑工程阶段、BIM 模型精细度、成本用途及涵盖的内容

建筑工程阶段	BIM 建模精细度要求	工程成本用途	涵盖的内容
勘察/概念化设计	LOD100	项目可行性研究投资估算	包含建设项目基本的体量信息（例如长、宽、高、体积、位置等）
方案设计	LOD200	项目规划评审报批建筑方案评审报批设计概算	包括建筑物近似的数量、大小、形状、位置和方向
初步设计/施工图设计	LOD300	施工招投标计划施工图招标控制价施工图预算	包含精确数据（例如尺寸、位置、方向等信息）
虚拟建造/产品预测/采购/验收/交付	LOD400	集中采购施工阶段成本控制	包含完整制造、组装、细部施工所需的信息
竣工	LOD500	竣工决算	包含实际尺寸、数量、位置、方向等

现阶段应用 BIM 技术，进行计量工作的主要解决方案为应用程序接口（application programming interface，API）。即由 BIM 软件提供算量软件接口，通过 API 提取 BIM 模型中的相关数据、信息与成本软件集成，同时成本软件工程计量、成本计算结果可逆向传到 BIM 模型中。如国内的广联达 GFC 插件、鲁班 Luban Trans 插件和 IFC 数据插件等。

在实现通过 BIM 模型自动计算工程数量、工程成本的同时，还可通过 BIM 可视化、碰撞检测等应用，方便、快捷地对工程计量结果进行校核。钢筋节点、复杂构件的节点和各构件的扣减关系是工程量核对的重点。利用 BIM 算量软件，可对节点进行三维呈现，弥补了传统 CAD 二维的表达不明、读图困难、需要成本人员自行想象的弊端，方便了各参建方对工程计量结果的互检与核对。最后，各专业之间差错漏

碰也是工程量核对的难点。在传统的二维算量中，需要分别对各专业（建筑、结构、暖通、给排水、电气、消防）的平面图、剖面图、立面图等图纸逐一审查，工作量极大，效率极低，且因各个专业之间的技术壁垒，使得互检和核对容易出错。通过 BIM 技术，集成项目各专业设计成果，进行可视化展示，进行专业间的碰撞检测，可准确、高效地找到工程计量结果存在的问题，提高计量工作的审核效率。

三、施工阶段 BIM 应用

BIM 技术在施工阶段研究、实践较为广泛，根据各自项目的特点，在许多方面有了一些相对独立的 BIM 应用。但这些应用大多没有关联也不系统，无法很好地发掘 BIM 的潜力。由于项目传统的组织模式，BIM 应用在项目开始阶段没有统一的顶层设计，即使进行了 BIM 策划，但由于没有体制和流程保证，也都是项目各阶段分割开来，缺少模型传递和信息共享。这就使得各阶段的 BIM 应用整体成本增加，应用效果不理想。

EPC 项目应发挥模式优势，从项目开始即制定统一的标准和手册，对模型建立、信息格式、应用内容等，进行具体、详细的规定。设计阶段应按项目统一的 BIM 标准和要求，向施工阶段交付 BIM 模型。施工阶段可使用模型，对设计成果进行复核，确认成本相关数据的正确性；在设计模型的基础上，增加时间维度，添加施工信息，对施工方案进行模拟、优化；通过将信息模型导入管理平台，可更好地发挥 BIM 模型价值，通过事件管理和移动终端的配合，实现项目的进度管理、质量安全管理、合同管理、验工计价管理等，实现 BIM 技术在施工阶段的高效应用，提高项目施工管理水平，减少施工返工、变更等，从而达到施工阶段成本管理的目标。

BIM技术虽在施工阶段的各应用已有较好的实例，技术也相对成熟，但应认识到，BIM实现价值要求之一就是同一数据源（模型），以此保证各参建方数据使用的效率和正确性。因此，EPC项目应保证模型由各阶段共同建立、使用，可避免大量的重复建模工作，降低BIM应用成本；项目信息保存在同一模型中，根据项目进展更新相关数据，使得成本信息具有完整性、唯一性和及时性，减少各阶段因成本数据在传递中的丢失，提高BIM应用的效率，提高项目成本信息的可复用性，从而实现有效的成本管理。

（一）数据及时更新

施工阶段的BIM应用也是以BIM模型为基础的。在施工阶段，项目的BIM模型随着施工的进展而不断完善。发生变更时，即用BIM模型作为载体，记录相应的变更信息，如变更原因、变更内容、相关的变更会议纪要等，同时按变更内容修改项目BIM模型，更新相关成本数据，计算变更的工程成本，为竣工阶段的结算审核，提供变更内容可溯源的依据，保证变更信息、变更产生工程成本的及时性、可靠性和完整性。施工阶段如发生重大变更，则采用"限额变更"，及时更新BIM模型的工程成本信息，严格控制施工图变更费用，做到预算不超概算。

同时在施工阶段采用"赢得值"法，对施工阶段的成本及进度进行动态控制。通过BIM模型随施工进度和工程成本信息的更新，对投标阶段的BIM模型的预算价与实际成本价、预算量与实际消耗量进行实时对比分析，及时掌控工程项目是否盈利、劳务分包及材料设备分包单价是否失控、消耗量是否超标等问题，从而有效地控制施工阶段工程项目的成本。

应用BIM技术，在施工过程中，项目成本信息及时更新，进行实时工程成本管理，可实现项目的结算价不超预算价的目标。在竣工阶段，直接采用施工阶段的BIM模型作为结算依据，根据承发包的合同进行结算价的确认。

（二）BIM管理平台

施工阶段的工程成本管理具有较大的实际意义，应用BIM管理平台，可系统性开展BIM应用，为项目管理提供强大助力，为成本管理提供有效抓手。需根据施工进展，平行进行BIM应用，才能使BIM价值最大化。

施工开始前，应用模型进行设计成果校核、施工方案优化。通过BIM模型，对复杂、关键部位进行三维可视化检查，通过碰撞检测功能，得到检查报告，对设计成果的"差、错、漏、碰"进行分析，在施工前将设计问题解决，减少变更，提高效率，可防止后期因为设计问题导致的成本增加。同时，针对技术方案中的重点工艺或工序，在BIM模型基础上进行三维模拟，直观、形象地进行可视化交底，提高沟通效率，确保施工过程有序开展，可避免因方案深度不足引起施工中成本增加。

施工开始后，应用BIM技术，可对施工过程进行全面管理，确保达到工程成本管理目标。具体应用包括工程量提取及消耗量统计、进度管理、质量安全管理、合同管理、成本管理等，如图5-8所示。

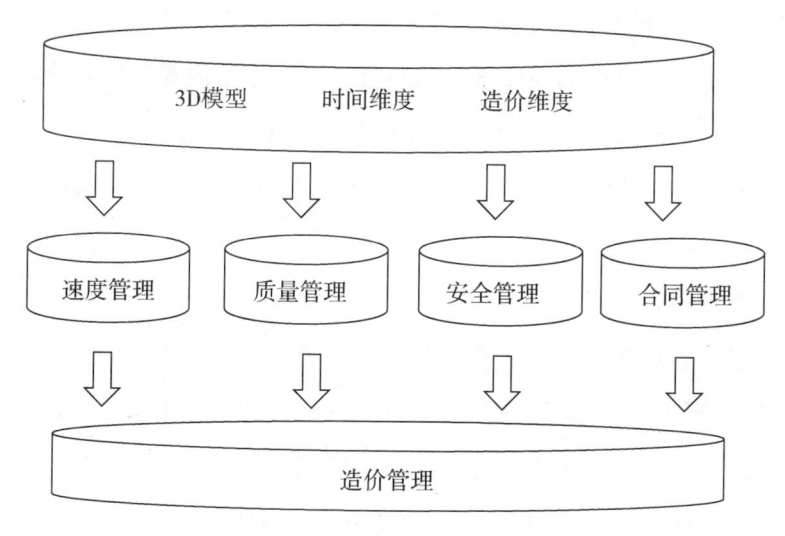

图 5-8 BIM 施工过程进行全面管理

可通过软件读取 BIM 模型信息和几何数据，自动计算相关工程数量，并且能够根据事前制订的规则统计出量，提高计量工作效率。将 BIM 模型计量结果与图纸量、预算量进行对比，可对预算结果进行校核。同时，可分析现场各种材料的消耗量，为成本管理提供参考。

施工过程中，利用 BIM 模型进行进度模拟，可进一步明确进度计划的重要节点；通过进度计划与实际进度对比，可及时发现施工中的问题，为解决方案提供参考；当项目发生设计变更、施工方案调整时，可方便、快捷地修改、更新进度计划，加强对项目的实时管控。

施工管理中质量安全是关键问题。通过管理平台，相关人员可通过移动端对质量安全内容进行拍照、录音和文字记录，并与对应的 BIM 模型进行关联。通过数据共享在模型中展现，协助生产人员对质量安全问题进行管理。同时可自动生成整改单，大大降低管理工作量，降低管理成本。

合同管理主要包括合约规划、合同登记、合同单据审批等，实现对项目总、分包合同的统一在线管理，支持总分包合同、报量单、变更单、签证单、结算单的在线报批与审批，通过系统内置的权限管理与审批流设置，更加安全、快速地完成合同管理相关工作。同时，可通过BIM平台中集成的模型查询实体工程履约方，在管理过程中可随时查阅责任主体，记录履约过程，同时可以查阅工程款支付进程等信息，为项目成本管理提供参考。

通过平台可将模型与清单关联，模型与预算部门出具的合同清单和成本清单分别进行关联，然后可通过软件从时间、流水段、构件、材料等各个维度进行前期成本测算，能够更好地把握项目成本情况，为成本管理提供数据支撑。

目前，BIM技术可为施工阶段提供专业的管理软件，提高EPC项目施工管理的效率和水平，同时提高工程成本管理的成效。其中，BIM5D技术已得到较为广泛的应用，取得了较好的成果。BIM5D施工管理平台，可在设计三维建模的基础上，添加时间轴和成本轴，对整个施工过程进行模拟，同时估算施工所需的时间及成本。

随着施工阶段的进行，EPC项目的成本影响因素也越来越多地显现出来，使本阶段的工程成本管理具有动态性，增加了管理的难度。BIM5D管理平台，可对施工组织、施工计划、工程量、成本等信息进行统一管理，直观、形象地展示项目施工情况和成本相关数据，通过成本信息对比，可生成多个对比文件，对可能影响成本的问题进行预判，提高成本管理的预见性、科学性。

根据建筑行业发展趋势以及国家相关政策表明，绿色施工是未来建筑行业发展的必然趋势，是施工企业必须采取的措施。国外的绿色施工发展从技术经济、国家政策都较为成熟，我国建筑环境复杂多变，绿色施工理论研究不够深入，相关政策的实施不到位，导致当前施工企业在实施绿色施工方案时遇到较大阻力，造成施工成本增加，效益却较低，这也是目前很多施工企业不愿意采用绿色施工方案的原因之一。本书通过深入分析绿色施工的基本内容，结合绿色施工成本理论以及绿色施工成本控制体系的研究对绿色施工成本方案的优化，最终降低成本，提高企业整体效益。

综合分析得出的主要结论有以下几条。

与传统施工目的不同，绿色施工主要强调环境友好、节约资源，评价准则主要为是否把环境保护、节约资源作为主要施工目的；目前推行绿色施工遇到的主要阻碍来自各方利益的不均衡，绿色施工的推行一般会造成施工总成本的增加，但从长远来看符合可持续发展战略。

通过对绿色施工成本构成分析，质量成本是影响施工成本的主要因素之一。与传统施工成本相比，绿色施工成本另一个主要因素就是环境成本，所以绿色施工质量与环境成本是绿色施工成本评价体系最主要评价指标。

绿色成本投入的增加才能提升绿色施工质量与环境水平。同时，环境损失成本随着绿色施工质量的提高而减少，同样存在一个最佳的绿色施工质量与环境水平点使得总成本最小。

本书对绿色施工成本控制体系通过分析事前、事中、事后三个阶段的控制内容及特点，并用目标规划法对事前控制建立模型，从而对施工成本目标进行科学分析，确保其实施的可能性。

下篇
EPC工程总承包绿色施工成本风险管控

第六章

EPC 工程总承包模式的绿色施工分析

第一节　EPC 工程总承包

一、EPC 工程总承包模式的发展

近年来，国家发展进入"新常态"。建筑业作为国民支柱产业，在寻求改革突破的关键时期，国家也在进一步推进工程总承包模式。

2003年2月13日，建设部颁布了〔2003〕30号《关于培育发展工程总承包和工程项目管理企业的指导意见》（见图6-1），在该规章中，建设部明确将EPC总承包模式作为一种主要的工程总承包模式予以政策推广。

2011年9月，我国住建部、国家市场监督管理总局联合发布了第一步适用于工程总承包项目的《建设项目工程总承包合同示范文本（实行）》（见图6-2），使工程总承包管理模式在建筑市场的操作实施行为逐渐规范。

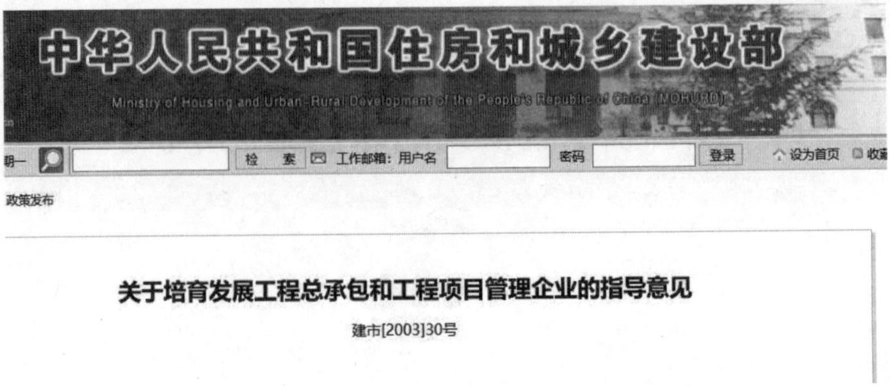

EPC总承包绿色施工成本控制与风险管控　>>>

图6-1　关于培育发展工程总承包和工程项目管理企业的指导意见

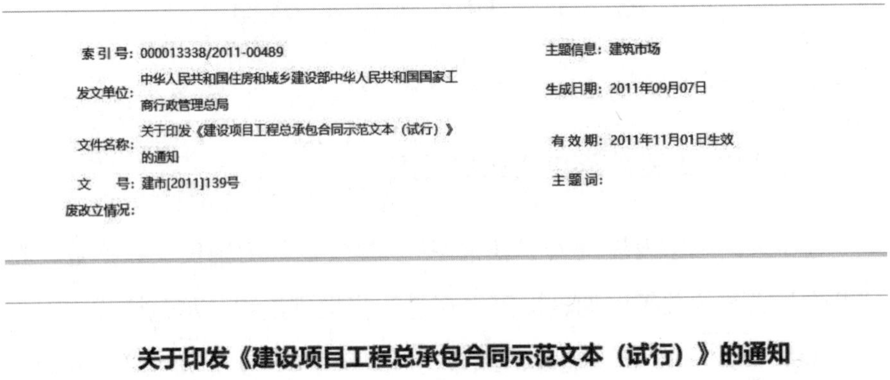

图6-2　关于印发建设项目工程总承包合同示范文本（实行）的通知

最近十年，我国对EPC总承包管理模式的推行力度大大增加，政府带头，频发政策，鼓励大型企业实施EPC总承包模式。

2017年2月24日，国务院办公厅印发国办发〔2017〕19号文《关于促进建筑业持续健康发展的意见》（下称《意见》），如图6-3所示。《意见》规定，要求加快推行工程总承包，按照总承包负总责的原则，落

<<< 下篇 EPC 工程总承包绿色施工成本风险管控

实工程总承包单位在工程质量安全、进度控制、成本管理等方面的责任。

索 引 号：	000014349/2017-00040	主题分类：	工业、交通\其他
发文机关：	国务院办公厅	成文日期：	2017年02月21日
标　　题：	国务院办公厅关于促进建筑业持续健康发展的意见		
发文字号：	国办发〔2017〕19号	发布日期：	2017年02月24日
主 题 词：			

国务院办公厅关于促进建筑业
持续健康发展的意见
国办发〔2017〕19号

图 6-3 国务院办公厅关于促进建筑业持续健康发展的意见

2017年3月29日住房城乡建设部印发《"十三五"装配式建筑行动方案》，如图 6-4 所示，到 2020 年，全国装配式建筑占新建建筑的比例达到 15% 以上，其中重点推进地区达到 20% 以上，积极推进地区达到 15% 以上，鼓励推进地区达到 10% 以上。鼓励各地制定更高的发展目标，建立健全装配式建筑政策体系、规划体系、标准体系、技术体系、产品体系和监管体系，形成一批装配式建筑设计、施工、部分部件规模化生产企业和工程总承包企业。

住房城乡建设部关于印发《"十三五"装配式建筑行动方案》《装配式建筑示范城市管理办法》《装配式建筑产业基地管理办法》的通知
建科[2017]77号

图 6-4 "十三五"装配式建筑行动方案

2017年5月4日住房城乡建设部印发《建筑业发展"十三五"规划》，如图6-5所示，"十三五"时期主要任务明确提出要调整优化产业结构。以工程项目为核心，以先进技术应用为手段，以专业分工为纽带，构建合理工程总分包关系，建立总包管理有力、专业分包发达、组织形式扁平的项目组织实施方式，形成专业齐全、分工合理、成龙配套的新型建筑行业组织结构。发展行业的融资建设、工程总承包、施工总承包管理能力，培育一批具有先进管理技术和国际竞争力的总承包企业。

图6-5 住建部关于印发建筑业发展"十三五"规划的通知

工程总承包无论在中国，还是在国际上，都没有统一的定义。我国政府2003年对工程总承包的概念进行了规范。根据文件精神，工程总承包指的是从事工程总承包的企业受业主委托，按照合同约定对工程项目的勘察、设计、采购、施工和试运行等实施全过程或若干阶段的承包工程总承包的模式业主将整个工程项目分解，得到各阶段或各专业的设计（如规划设计、施工详图设计）、各专业工程施工、各种供应、项目管理（咨询、监理）等工作。

工程总承包并不是固定的一种唯一的模式，而是根据工程的特殊性、业主状况和要求、市场条件、承包商的资信和能力等可以有很多种模式进行项目实施。EPC 工程总承包模式是指建设单位作为业主将建设工程发包给总承包单位，由总承包单位承揽整个建设工程的设计、采购、施工，并对所承包的建设工程的质量、安全、工期、造价等全面负责，最终向建设单位提交一个符合合同约定、满足使用功能、具备使用条件并经竣工验收合格的建设工程承包模式。其结构图如图 6-6 所示。

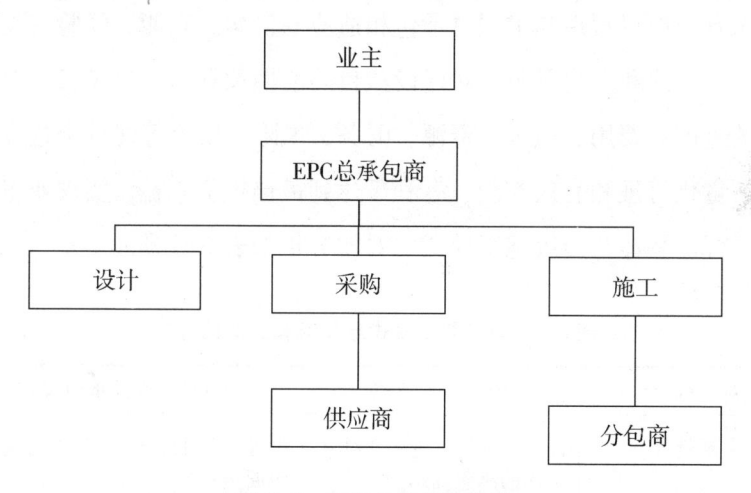

图 6-6 工程总承包结构图

EPC 工程总承包模式是当前国际工程承包中一种被普遍采用的承包模式，也是在当前国内建筑市场中被我国政府和我国现行《建筑法》积极倡导、推广的一种承包模式。这种承包模式已经开始在包括房地产开发、大型市政基础设施建设等在内的国内建筑市场中被采用。

自引入我国建筑行业开始，EPC 总承包管理模式已经经历了多年的改革，现在 EPC 项目在数量上呈现快速增长的状态。随着实践数量的增加，我国现行的 EPC 管理模式的缺点也逐渐显现，许多根本性问题无法得到解决。

二、EPC 工程总承包的优势

EPC 工程总承包的这种运营模式有利于充分发挥设计在建设过程的主导作用，使工程项目的整体方案不断优化；有利于克服设计、采购、施工相互制约和脱节的矛盾，使设计、采购、施工各环节的工作合理交叉，确保工程进度和质量。同时，相应的专业化工程公司和项目管理公司有与项目管理和工程总承包相适应的机构、功能、经验、先进技术、管理方法和人力资源，对建设项目的前期策划与项目定义。对项目实施的进度、费用、质量、资源、财务、风险、安全等建设全过程实行动态、量化管理和有效控制，有利于达到最佳投资效益，实现业主所期待的目标。具体与传统施工模式的对比分析如表 6-1 所示。

表 6-1 传统施工模式与 EPC 模式对比分析

对比内容	传统施工模式	EPC 工程总承包模式
主要特征	设计、采购、施工工作由不同的承包商承担	设计、采购、施工工作均由总承包商负责
各阶段的协调	以业主为主	以总承包商为主
设计进度与施工进度	难以协调控制	能实现深度交叉
风险的承担	主要由业主承担	主要由承包商承担
对承包商的专业要求	一般无需特殊设备和技术	需特殊设备与技术，且要求很高
业主的管控深度	相对较高	相对较低
承包商利润	相对较低	相对较高

（一）工程管理与项目建设

EPC 工程总承包模式的实施减轻了业主管理工程的难度。因为设计纳入总承包，业主只与一个单位即总承包商打交道，只需要进行一次招标，选择一个EPC工程总承包商，不需要对设计和施工分别招标。这样不仅减少了招标的费用，还可以使业主方管理和协调的工作大大减少，便于合同的管理及管理机构的精简。

EPC工程总承包模式虽然将一些风险和部分原属于业主的工作转接到了总承包商身上，但也同时增强了总承包商对工程的掌控。总承包商能充分发挥自身的专业管理优势，体现其管理能力和智慧，在项目建设管理中，有效地进行内部协调和优化组合，并从外部积极为业主解忧排难。在EPC工程总承包管理模式下，由于设计和采购、施工是一家，总承包商就可以利用自身的专业优势，有机结合这三方力量，尤其是发挥设计的龙头作用，通过内部协调和优化组合，更好地进行项目建设。如进行有条件的边设计边施工，工程变更会相应减少，工期也会缩短，有利于实现项目投资、工期和质量的最优组合效果。

（二）工程项目设计与施工

EPC工程总承包模式可以根据工程实际各个环节阶段的具体情况，有意识地主动使设计与施工、采购环节交错，如采用边设计边施工等方式，减少建设周期或加快建设进度。这要求总承包商要有强大的设计力量，才能达到优化设计、缩短工期的目的。各个环节合理交错可以是边设计边施工，也可以是先施工后设计，还可以是设计与采购交错。

（三）EPC工程总承包模式采购施工的能动性

由于在EPC工程总承包模式中，设计和采购、施工一起被纳入了总承包范畴，因而采购、施工可以发挥主观能动性，更好地与设计互动。在技术协调方面，设计人员有丰富的理论知识和设计经验，而施工方有丰富的实践经验，将两者结合起来为工程服务是 EPC 工程总承包模式的优势所在。

由于科学技术的快速发展，施工技术日新月异，同样的工程实体，实施的方法可以多种多样，在实际操作过程中，需要双方相互佐证，开诚布公地进行探讨，形成统一的意见。在管理机制方面，EPC 工程总承包模式下，总包方在工程管理上可以适当借助施工方的力量对实体工程进行管理，这可以避免总包方陷入烦琐的管理细节中，减少总包方的投入。这也要求施工方要有足够的管理资源与总包方进行配合，能跟上总包方的管理要求。

在设计介入方面，采购、施工方对设计阶段工作的介入可以更深入一些，将自己的一些经验和优势在早期融入设计中去，这样能达到几个方面的效果：最大限度地使设计经济合理；施工方的提前介入能使其有针对性地进行一些施工前的准备工作，以保证工程的顺利实施；施工人员与设计人员进行充分的沟通，能充分了解设计意图，从而保证工程的施工质量。

三、EPC 工程总承包所面临的问题及应对措施

我国从 20 世纪 80 年代在化工和石化等行业开始试点工程项目总承包后，逐步在其他行业进行推广，工程总承包虽然在我国已经 40 余年，但却因为体制缺陷、缺乏规范、素质不高、能力不强、经验不足等方面的原因，近年来的发展仍显缓慢。面临的问题如图 6-7 所示。

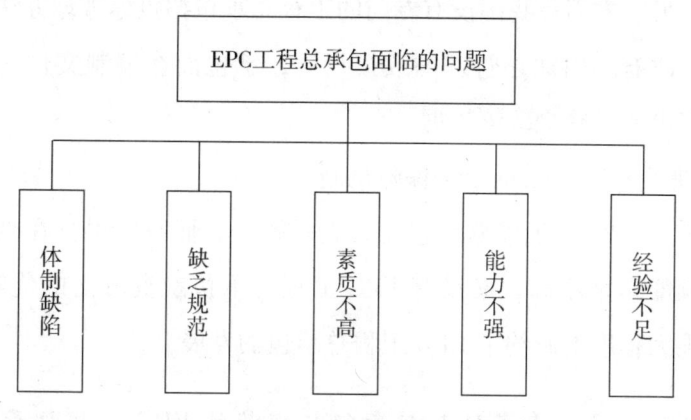

图 6-7 EPC 工程总承包面临的问题

归纳起来,我国工程项目总承包所面临的问题主要表现在以下几个方面。

(一) 法律法规上的缺项或弱项

在 EPC 项目管理模式中,业主跟承包商之间的界面非常简单,只有一份合同。这种承包模式,弱化了业主方的管理,因为缺少外部监督,更多依赖的就是政策法规。但在我国,关于工程总承包的法律方面却存在着三个具体问题。

1. 工程总承包在我国法律中的地位不明确

近年来,我国陆续颁布了《建筑法》《招标投标法》《建设工程质量管理条例》等法律法规,对勘察、设计、施工、监理、招标代理等都进行了具体规定,但对国际通行的工程建设项目组织实施形式——工程总承包却没有相应的规定。《建筑法》虽然提倡对建筑工程进行总承包,但也未明确总承包的法律地位,难以解决 EPC 在运行中的纠纷。

2. 工程总承包的市场准入及市场行为规范不健全

一方面,因缺乏具体的法律指导,企业在开展工程总承包活动时束手束脚。另一方面,我国没有专门的工程总承包招投标管理办法和具体的规定,政府部门缺乏管理的政策指导,承包商在编制文件、工程造价、计费等方面缺少政策依据。

3. 缺乏 EPC 发展的金融保障机制

由于开展 EPC 工程总承包需要大量资金,而我国银行在企业信贷方面的额度向来不高,又没有 EPC 工程总承包融资方面的优惠政策,这也在很大程度上制约了 EPC 工程总承包的发展。

(二)业主自身条件及其运行与规范的 EPC 工程总承包要求之间存在很大差距

EPC 工程总承包在国外是一种得到广泛使用、很成熟的工程承包形式。它将一个项目的设计、采购、施工等全部工作交由一个承包商来承担,大量项目协调与管理工作都交由总承包商统一负责,业主只管对相关的设计和施工方案进行审核,并根据承包合同聘请监理实施监督和支付工程费用等配合性工作。在我国,业主自身条件及其运行水准与规范的 EPC 工程总承包的要求之间存在很大的差距,主要表现如下。

1. 市场机制不完善

我国过去基本实行的是"工程指挥部"管理模式,设计与施工、设备制造与采购、调试分工负责的协调量大,易出现相互脱节、责任主体不明、推诿扯皮等问题。工程总承包推行以来,大多数外资项目业主均表示认同,一些民营企业项目也能接受。但由于大多数政府或国有投资为主的业主认为实施工程总承包后,其权力受到了削弱,仍习惯将勘察、设计、采购、施工、监理等分别发包,这对工程总承包的推广形成了障碍。

2. 业主操作不规范

一些业主虽采用了 EPC 工程总承包管理模式，但具体实施和操作时却不规范：有的忽视项目前期运作，设计方案不规范或不到位，给施工图设计带来许多问题；有的催促工期，不但增加了承包商成本，也使工程质量得不到保障；有的喜欢干预设备采购，导致设备质量、供货期与施工脱节，影响工程进展；还有的因强调总价合同固定性的方面，而不愿因工程变更对费用进行调整，等等。

3. 业主方缺乏项目管理人才

EPC 工程总承包合同通常是总价合同，总承包商承担工作量和报价风险，业主的要求主要是面对功能的。总承包合同规定：工程的范围应包括为满足业主要求或合同隐含要求的任何工作，以及合同中虽未提及但是为了工程的安全和稳定、工程的顺利完成和有效运行所需要的所有工作。总承包合同除非业主要求和工程有重大变更，一般不允许调整合同价格。因此，业主的意见会对工程产生重要及关键的影响，尤其是在前期和总承包合同谈判阶段。但由于业主缺少真正精通项目管理的人才，不了解和掌握 EPC 工程总承包模式工程的运行规律和规则，与总承包商在 EPC 合同谈判阶段往往难以沟通，这常会影响谈判效果和合同的履行。

（三）承包商的先天不足使其与推行 EPC 工程总承包的要求之间存在诸多不适应

在我国，设计方直接对业主负责，工程设计方与施工方无直接的合同和经济关系。这种模式浪费了大量社会资源、降低了工作效率。采用工程总承包模式，总承包商与业主签订一揽子总合同，负责整个工程从勘察设计、采购到施工的全过程。设计方要与总承包商签订设计分包合同，对总承包商负责。但因国内公司综合素质、信誉、合同的执行能力等与西方大公司相比仍有很大差距，故使承包商与推行 EPC 工程总承包的要求间存在诸多不适应。

1. 设计质量无保证

由于我国长期以来设计与建设施工分离的制度，目前能够取得 EPC 合同的单位基本上都是些不具备设计资质的专业公司，这些公司中标后，为节省设计费用，有的聘请专业设计人员设计，有的先自行设计再花钱盖章，有的甚至边设计边施工边修改，设计质量无从保证。

2. 多层转包隐藏较大的风险

有的中标公司往往缺少设计资质或施工资质，或者没有相关施工资质。拿到工程以后会将相当一部分工程量分包给具备资质的单位，甚至出现多层转包。这样的风险往往存在于：

第一，在 EPC 承包商提取一定的管理费和利润的基础上，分包商会通过降低产品的质量保证自己的利润空间不受到压缩，最终业主的利益必定受到损害；

第二，有的承包商以各种理由截留或挪用分包商的工程款，影响工程进度，造成工期损失；

第三，出于利润考虑，承包商在选择分包商时往往着重考虑价格因素，分包商以低价竞争获胜后，为了赢得利润，便只有偷工减料。

3. 承包商的局限性使业主无法放心

业主选择 EPC 方式发包，本意是想减少中间环节，降低管理成本，提高建设项目的效率和效益。但因承包商的局限性，往往无法使业主放心，业主花了钱却没能享受到委托 EPC 工程总承包的省心。

4. 合同价格易引发合同纠纷

由于缺乏统一权威的官方指导，再加上 EPC 工程总承包模式的招标发包工作难度大，合同条款和合同价格难以准确确定，在工程实际中往往只能参照类似已完工程估算包干，或采用实际成本加比率酬金的方式，容易造成较多的合同纠纷。

（四）工程监理仍然达不到 EPC 工程总承包的要求

监理工作主要依据法律法规、技术标准、设计文件和工程承包合同，在 EPC 工程总承包模式中，总承包商可能会权衡技术的可行性和经济成本，导致技术的变更比较随意，但是工程监理工作一个重要的依据是工程图纸，受传统模式影响，监理工程师面对技术上的变更往往表现得无所适从，无法履职到位。

（五）多数企业没有建立与工程总承包和项目管理相对应的组织机构和项目管理体系

除极少数设计单位改造为国际型工程公司外，多数开展工程总承包业务的设计单位没有设立项目控制部、采购部、施工管理部、试运行（开车）部等组织机构，只是设立了一个二级机构工程总承包部，在服务功能、组织体系、技术管理体系、人才结构等方面不能满足工程总承包的要求。

多数企业没有建立系统的项目管理工作手册和工作程序，项目管理方法和手段较落后，缺乏先进的工程项目计算机管理系统。设计体制、程序、方法等也与国际通行模式无法接轨。

（六）科技创新机制不健全

目前，科技创新机制不健全，企业不注重技术开发与科研成果的应用，企业普遍缺乏国际先进水平的工艺技术和工程技术，没有自己的专利技术和专有技术，独立进行工艺设计和基础设计的能力也有待加强。

（七）企业高素质人才严重不足

企业高素质人才严重不足，专业技术带头人、项目负责人以及有技术、懂法律、会经营、通外语的复合型人才缺乏。尤其是缺乏高素质且能按照国际通行项目管理模式、程序、标准进行项目管理的人才，缺乏熟悉项目管理软件，能进行进度、质量、费用、材料、安全五大控制的复合型高级项目管理人才。

（八）缺乏竞争力

具有国际竞争实力的工程公司数量太少，目前只有化工、石化等行业有少数国际工程公司，并且业务范围较窄，国际承包市场的占有份额较小。

实践证明，工程总承包有利于解决设计、采购、施工相互制约和脱节的问题，使设计、采购、施工等工作合理交叉，有机地组织在一起，进行整体统筹安排、系统优化设计方案，能有效地对质量、成本、进度进行综合控制，提高工程建设水平，缩短建设总工期，降低工程投资。为此，需进一步大力推进EPC工程总承包管理模式在国内的发展。

针对目前EPC工程总承包管理存在的上述问题，给出以下几条建议。

1. 把功夫下在提高业主方的管理素质上

加大宣传力度，统一思想，提高认识。争取在政府投资工程项目上积极推行工程总承包或其项目管理的组织实施方式，以起到带头作用。结合投融资体制改革和政府投资工程建设组织实施方式改革，对业主进行培训，使其深刻认识、了解工程总承包，促其积极支持与配合。加强业主总承包管理知识的培训和项目管理人才的培养。

2. 全面对接 EPC 工程总承包的规则和要求，加快承包队伍的整合

（1）要合法取得设计资质

根据建设部关于工程总承包资质的要求，我国政府不仅要求工程总承包商要有一定的施工资质，还要有设计资质，大大提高了工程总承包的准入门槛。在解决资质问题上，通常可有两种方法：一种是借鉴江苏省建筑业综合实力前 5 强企业南通四建收购原南通市建筑设计院的例子，作为快速拥有设计资质的捷径之一；另一种是可根据工程建设的周期性特点，施工企业可在项目招标时与设计单位组成项目联合体进行投标，与收购设计院相比，此法既节省了成本又降低了风险。

（2）要培养和留住人才

依国际工程总承包经验，做好工程总承包最核心的有两个元素，即多元化的管理人才和雄厚的资金保障。20 世纪 60~70 年代，国际工程总承包已在许多发达国家得到普遍推广，良好的市场竞争机制保证了整个行业的丰厚利润，总承包企业有足够的效益来培养和吸收优秀的多元化管理人才。当下我国的承包商要大力培养复合型、能适应国际工程总承包管理的各类项目管理人才，学习国内外先进的管理方法、标准等，提高项目管理人员素质和水平，以适应国内总承包商应对"引进来"和"走出去"挑战的需要，完善协调激励制度，不仅从物质上、更要从精神上激励员工，留住人才。

（3）创新企业融资渠道

增加 EPC 实力。EPC 项目管理需要雄厚的资金实力，对总承包商的融资、筹资能力要求很高，特别是"走出去"的企业。我们要向国外学习，吸取其先进的理念和做法，通过强强联合、企业整合、企业兼并等使 EPC 不断发展壮大，逐步增强融资能力，拓宽融资渠道，使企业逐渐步入良性循环。

3. 从推动 EPC 工程总承包的角度强化工程监理

要推进全过程监理。与工程总承包的设计、采购、施工一体化一致，监理也应做到全过程监理。监理的业务范围应逐步扩展到为业主提供投资规划、投资估算、价值分析，向设计单位和施工单位提供费用控制，项目实施中进行合同、进度和质量管理，成本控制，付款审定，工程索赔，信息管理，组织协调，决算审核等。

EPC 工程总承包因由最能控制风险的一方承担风险，通过专业机构和专业人员管理项目，实现了 EPC 的内部协调，使工程建设项目的运行成本大幅降低，效益大幅提高，进而创造了诸多的经济增长点。建筑企业要发展壮大和增强国际竞争力，建筑市场要良性发展和更好地与国际惯例接轨，需要全力推广 EPC 工程总承包。而作为一个复杂的系统作业过程，工程项目总承包必须用现代化的项目管理手段和方法在解决不断出现的各种具体问题的过程中积极推广，才能为企业带来实际的利益，体现其管理上的优势。

此外，关于 EPC 总承包模式，真正做到落实实施，有效协同参建机制是关键，而基于项目模型+云技术的虚拟协同参建平台搭建更是关键中的关键。目前已经有许多单位应用 BIM 技术，利用 BIM 技术手段保障其 EPC 总承包项目的顺利实施，如长沙梅溪湖大剧院（见图 6-8）。他们基于 BIM 模型，实现各专业、各部门的协同设计与工作，主张让设计阶段的 BIM 成果能顺利向施工阶段和运维阶段延伸应用，实现设计和施工信息的传递与共享。

同时搭建 V-BIM 平台，可有效协同业主及各方交叉管理，解决了顽疾痛点，实现各专业、各工种的无缝对接，充分提高了工作效率，使工程施工处于有序、可控的状态，为工程项目在质量、工期等方面提供有力保障。

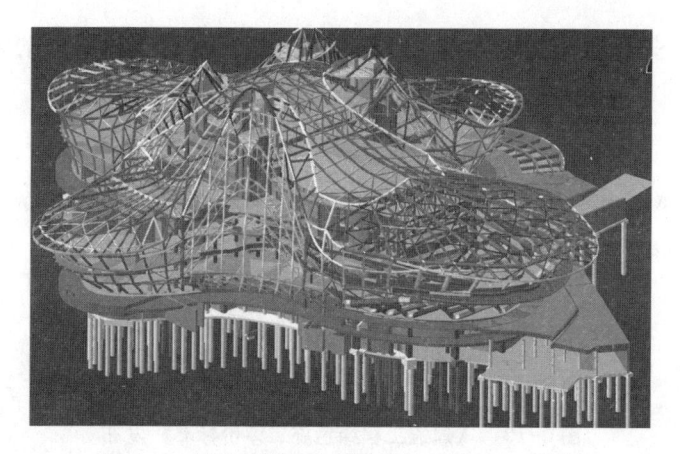

图 6-8　长沙梅溪湖大剧院主体结构 BIM 模型

第二节　绿色施工的发展

2007 年我国建设部出台《绿色施工导则》（见图 6-9），包含了资源节约、环境保护及现场管理的内容。2010 年 11 月，我国住建部颁布了《建筑工程绿色施工评价标准》（见图 6-10），提出了绿色施工评价的基本规定、评价框架体系、四节一环保评价指标。2014 年，我国住房城乡建筑部颁布了《建筑工程绿色施工规范》（GB/T50905-2014）规范了绿色施工，为我国绿色施工的实施起到一定指导作用。

关于印发《绿色施工导则》的通知

各省、自治区建设厅，直辖市建委，国务院有关部门：

现将《绿色施工导则》印发给你们，请结合本地区、本部门实际情况认真贯彻执行。执行中有何问题和建议，请及时告我部工程质量安全监督与行业发展司。

图 6-9　《绿色施工导则》发布

关于发布国家标准《建筑工程绿色施工评价标准》的公告

现批准《建筑工程绿色施工评价标准》为国家标准，编号为GB/T50640-2010，自2011年10月1日起实施。

本标准由我部标准定额研究所组织中国计划出版社出版发行。

中华人民共和国住房和城乡建设部
二〇一〇年十一月三日

图 6-10　《建筑工程绿色施工评价标准》发布

根据《绿色施工导则》中定义：绿色施工是指工程建设中，在保证质量、安全等基本要求的前提下，通过科学管理和技术进步，最大限度地节约资源与减少对环境负面影响的施工活动，实现四节一环保（节能、节地、节水、节材和环境保护）。绿色施工场景如图 6-11 所示。

图 6-11　绿色施工场景

以绿色施工为宗旨，贯穿于规划、设计、施工、验收的各个阶段。在确保工期、质量、安全等基本要求前提下，贯彻环保优先、以资源的高效利用为核心指导思想，追求环保、高效、低耗，最大限度减少污染，节约资源（节能、节地、节水、节材），创造环保、健康、舒适的现场环境，积极发展绿色施工的新技术、新设备、新材料和新工艺，实现生态效益、经济效益、社会效益综合最大化的绿色施工模式。

根据《绿色施工导则》，绿色施工的总体框架包括施工管理、环境保护、节材与材料资源利用、节水与水资源利用、节能与能源利用、节地与施工用地保护等6个方面的内容。这6个方面涵盖了绿色施工的基本指标，同时也包含了施工各阶段的策划、施工、验收等指标。绿色施工框架见图6-12。

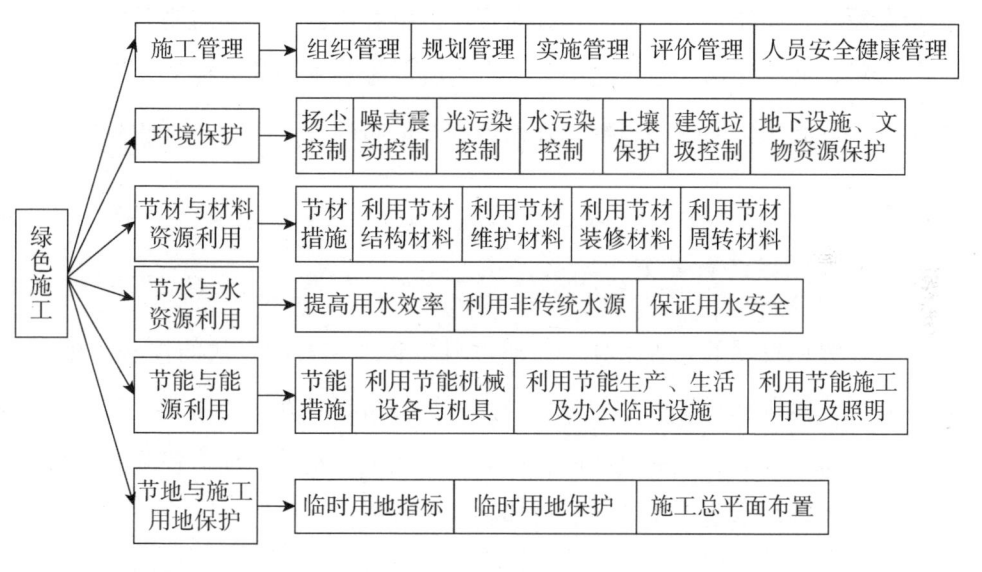

图6-12 绿色施工框架

一、绿色施工的特点及原则

在建筑工程的全寿命周期内，施工阶段是最重要的一个阶段，这个阶段花费的时间最长、投资最大，对环境、资源的影响最为严重，建筑行业迫切需要实施绿色施工，绿色施工是以绿色技术为手段，以绿色经济为基础，以绿色环境为目标，以绿色成本控制为着力点的科学管理模式，是符合绿色发展的现代施工模式。

（一）节约资源

当前我国自然资源过度开发，自然资源承载力遭到严重破坏，造成资源短缺，而建筑工程施工过程对资源的消耗量巨大，如需要消耗大量的材料、能源和水。绿色施工要求在工程质量和安全的前提下，把节约资源作为施工中的控制目标，并根据项目的特殊性，制定具有针对性的节约措施。

（二）经济效益好

在绿色发展的思想指导下，通过科学管理和实施有效的技术措施，能够提高能源和资源利用效率。当前我国经济正处在转型阶段，对环保的要求越来越高，在满足政府各项环保要求的前提下，促进资源的合理利用，做到产能最大化，从而增加企业的利润。

（三）保护生态环境

绿色施工的另一个重要方面，就是最大限度地减少对环境的负面影响，将绿色施工管理应用到建筑工程中，制定环保措施，预防施工过程中空气污染、扬尘、噪声、光污染、水污染、周围环境改变及大量的建筑垃圾等对环境的影响，保护好生态环境。

（四）科学管理与技术进步相结合

科学管理与施工技术的进步是实现绿色施工的唯一途径。建立健全绿色施工管理体系、制定严格的管理制度和措施、责任职责层层分配、实施动态管理、建立绿色施工评价体系等是绿色施工管理的基础和核心；制定切实可行的绿色施工技术和经济措施是绿色施工管理的保障和手段，两者相辅相成，缺一不可。

（五）全过程控制的系统工程

传统施工只有资源、环保、文明的施工指标，相对来说比较局限。而绿色施工是一个系统工程，其绿色体现在每个环节，并且环环相扣、紧密相连，包括施工计划、材料设备采购、施工过程、工程验收、工程交付等，绿色施工贯穿于建筑工程的全过程。

绿色施工在工程建设过程中，在保证质量、安全等基本要求的前提下，通过科学管理和技术进步，最大程度地实施节约资源与减少对环境的负面影响的施工活动，实现"四节一环保"。绿色施工就是在施工过程中通过切实有效的施工组织方案和绿色施工技术，最大限度地减少施工活动对环境的不利影响，降低能源和资源的消耗，实现绿色发展。其根本是以降低能源消耗、保护环境为核心的施工组织体系和施工方法。在进行绿色施工时，需要坚持以下原则。

1. 可持续性原则

可持续性原则，这是现阶段绿色施工的精髓和关键所在。绿色施工着眼于节约资源、保护资源，建立人与自然、人与社会的和谐发展。传统施工方法需要消耗大量自然资源，并存在大量资源浪费现象。在整个建设和使用过程中，绿色施工提倡合理的节约，促进资源的回收利用、循环利用，减少资源的消耗。相对来说污染较小甚至基本无污染，其建设和使用过程中所产生的建筑垃圾通常采用回收利用的方法进行。在对污染的防治上，传统施工多是采用事后治理的方式，是在污染造成之后进行的治理和排除，绿色施工则是采用预防的方法，在污染之前即采用防治技术，减轻或杜绝污染的发生。总的说来，绿色施工可持续性远高于传统施工，能更好地与自然和环境相协调。

2. 节约性原则

节约性原则，是指在满足建筑物自身的能源和资源消耗的前提下，进行一定的能源节约，从而减少建筑项目对于自然资源的可依赖性，以自身的能源生产来促进和维持建筑物的正常运行和使用。绿色施工以建造绿色建筑为目标，特别注重建筑物在施工和使用过程中的绿色施工。优选绿色环保施工材料，选用先进技术、施工工艺、施工方法，特别注重施工过程中分部分项的绿色验收和监督管理。通过全过程管控整个施工过程，为绿色建筑营造绿色通道。

3. 系统性原则

绿色施工作为建筑工程全寿命周期中的一个重要阶段，是实现建筑工程资源节约和节能环保的关键环节，是绿色发展理念在工程施工中的应用体现，是绿色施工技术的综合应用。绿色施工是一个系统工程，其绿色体现在每个环节，并且环环相扣、紧密相连。实施绿色施工，应对施工计划、材料设备采购、施工过程、工程验收、工程交付等各阶段进行控制，加强对整个施工过程的管理和监督。

二、绿色施工与传统施工的区别

绿色施工与传统施工比，是在传统施工基础上的优化，目标是实现资源的高效利用、环境的绿色发展、生态系统在施工中的运用。工程建设项目具有资源能源消耗大、建设周期长、产生建筑垃圾多等特点，在施工过程中必然会很大程度上改变周围的环境，在建造以及拆除工程的过程中造成大量的建筑垃圾、微粒、灰尘等空气污染以及噪声污染等（见图6-13、图6-14）。建设过程中所产生的建筑垃圾经过重新回收利用及处置（见图6-15），依然可以在工程中重新利用，但是就目前施工企业情况来看，施工企业大多是采用了新的建筑材料。

图6-13 扬尘污染

图 6-14 噪声污染

图 6-15 建筑垃圾

（一）出发点不同

绿色施工着眼在节约资源、保护资源，建立人与自然、人与社会的和谐发展，而传统施工只要不违反国家的法规和有关规定，能实现质量、安全、工期、成本目标就可以。尤其是为了降低成本，可能造成了大量的建筑垃圾，以牺牲资源为代价，噪声、扬尘、堆放渣土还可能对项目周边环境和居住人群造成危害或影响。

（二）实现目标的角度不同

为了达到绿色施工的标准，施工单位首先要改变观念，综合考虑施工中可能出现的能耗和污染较高的因素，通过采用新技术、新材料，持续改进管理水平和技术方法。而传统施工着眼点主要是在满足质量、工期、安全的前提下，如何降低成本，至于是否节能降耗、如何减少建筑垃圾和保护环境就不是考虑的重点。绿色施工主要是在观念转变的前提下，采用新技术、更加合理的管理流程等来达到绿色的标准。比如，目前广泛推广的工业化装配式施工，就是将一些主要的预制件事先加工好，在项目现场直接装配就可以，不仅节约了大量的时间和人力成本，而且大大减少了扬尘、建筑垃圾，经济效益显著。绿色施工带来的不仅是成本的节约、资源消耗降低、环境保护，更是生产模式的改变带来的生产理念的变化，这是传统模式无法比拟的。

（三）达到的效果不同

在实施绿色施工过程中，由于考虑了环境因素和节能降耗，可能造成建造成本的增加，但由于提高了认识，更加注重节能环保，采用了新技术、新工艺、新材料，持续改进管理水平和技术装备能力，不仅对全面实现项目的控制目标有利，在建造中节约了资源，营造了和谐的周边环境，还向社会提供了好的建筑产品。传统施工有时也考虑节约，但更多地向降低成本倾斜，对于施工过程中产生的建筑垃圾、扬尘、噪声等就可能处于次要控制。近几年，在绿色施工的推动下，很多施工企业开展QC（质量控制quality control）小组活动，一线技术工作者针对施工中影响质量的关键环节进行技术攻关，取得了很好的成绩，在此基础上形成了国家级工法、省部级工法、专利及企业标准，这些技术攻关活动使施工质量大大提高，减少了残次品，而且由于技术攻关，减少了浪费和返工，提高了质量正品率，为项目减少亏损做出了贡献。

（四）受益者不同

绿色施工受益的是国家和社会、项目业主，最终受益者是施工单位。传统施工首先受益的是施工单位和项目业主，其次才是社会和使用建筑产品的人。可能节约的费用并不多，但作为合理利用资源、减少资源浪费这样一个理念，人人节约资源，能给社会带来好处，这就是我们倡导的绿色施工的理念，既使施工单位受益，也给社会带来了效益。

从长远来看，绿色施工是节约型经济，更具可持续发展性。传统施工着眼实际可评的经济效益，这种目标比较短浅，而绿色施工包括了经济效益和环境效益，是从持续发展的需要出发的，着眼于长期发展的目标。相对来说，传统施工方法所需要消耗的资源比绿色施工多出很多，并存在大量资源浪费现象，绿色施工提倡合理的节约，促进资源的回收利用、循环利用，减少资源的消耗。在整个建设和使用过程中，传统施工会产生并可能持续产生大量的污染，包括如建筑垃圾、噪声污染、水污染、空气污染等，如建筑垃圾的处理上传统施工多是直接露天堆放或填埋处理，而绿色施工采用循环利用，相对来说污染较小甚至基本无污染，其建设和使用过程中所产生的垃圾通常采用回收利用的方法进行。在对污染的防治上，传统施工多是采用事后治理的方式，是在污染造成之后进行的治理和排除，绿色施工则是采用预防的方法，在污染之前即采用防治技术，减轻或杜绝污染的发生。总的来说，绿色施工的可持续性远高于传统施工，能更好地与自然和环境相协调。

三、绿色施工现阶段存在的主要问题

虽然现阶段绿色施工已被公认为是世界建筑建造技术的主流发展方向，但在我国建筑行业内推行绿色施工的过程中还存在很多阻碍因素，总体推行效果不佳，下面就总结几点阻碍绿色施工推行的因素进行分析，以便找出解决策略，促进绿色施工在我国健康发展。

（一）意识层面

有不少群众把绿色施工理解为在区域内增加绿化面积，同时还认为是文明施工，实施工程的参与者对绿色施工的认知程度不够，对于绿色施工的重视程度不足，大部分还是停留在对政策的表面迎合上，在实施步骤中没有真正地去贯彻相关理念，很难在各个环节都引入绿色施工的理念。许多建设、施工企业在施工过程中并没有实施真正的绿色施工技术，而是在建筑内或外通过增加绿化面积、人工造景，而冠以绿色建筑、绿色技术的旗号增加卖点、博取关注。如此一来，消费者就会对绿色施工概念产生误解，认为其不过是绿化面积的多少而已，而在这种意识下，那些响应可持续发展号召、执行绿色施工技术的建设企业就处在一个尴尬的处境，自然而然地为了迎合市场和消费者，逐渐回归到传统的建设方式上去，这样就出现了一个"劣币淘汰优币"的场面，形成恶性循环，极其不利于绿色施工的发展。

(二) 政策层面

长期以来，我国的施工都属于传统粗放型，人们只在意最终的效果而忽视过程，为达到建筑物功能、工期等目标，在施工过程中往往以破坏环境为代价。任何一个新生理念在既有体制下都会处于劣势，易受到传统观念的冲击，这时国家政策的扶持对新理念的发展就显得尤为重要。绿色施工恰恰符合这一特征。

自我国开始推行绿色施工以来，出台了许多相关的政策，但是目前我国的政策制定和执行部门对绿色施工的认识仍不够，政策上缺乏相应的法律法规和绿色施工标准支持，造成政策并没很好地得到执行和推广，市场上仍存在很多不良现象。

在招投标阶段，我国现行的是"低价中标"政策，而执行绿色施工的投标单位必然会因为采取绿色施工技术而相对提高施工成本，这样投标的竞争力就大大降低，而企业也会因此面临不能中标而带来的生存风险，这些风险会让很多施工企业心有余而力不足，对绿色施工望而却步。加之政府并没有明确的绿色施工评价体系，不能以强制标准衡量绿色施工水平，且没有出台执行绿色施工相应的奖惩制度，施工企业并没有因为执行绿色施工得到奖励的动力，更没有不执行而受到处罚的压力，故而也没有必要采取成本相对较高的绿色施工方式，直接造成绿色施工推广缓慢。

(三) 经济层面

在市场经济下，短期内追求利润最大化是企业的优先目的及选择。而绿色施工相比于传统施工来说，必然会带来施工技术的改进、施工设备的换代、施工人员的培训等短期内增加成本的局面，而目前我国的施工企业又以中小企业为主,因绿色施工企业造成短期内一次性资金投入增加,加之我国绿色施工政策的不完善,和市场前景的不明朗,势必会大大增强企业的市场风险。这又造成绿色施工被企业采取的比例大大降低,不利于其市场推广。

(四) 技术工艺层面

建筑材料和机械使用上仍存在很多不符合绿色施工要求的现象,而材料和机械设备的环保属性是实现绿色施工的关键所在。目前我国在施工建设阶段所使用的建筑材料和机械设备种类繁多,但并没有对建设中所使用的材料和机械设备的绿色技术和绿色性能的评价标准,这就造成材料和机械的使用仅仅是为了满足建设工程生产功能的要求,对其在生产过程中耗能、减排、降噪方面并没有过多的要求。

绿色施工是以在施工过程中降低消耗、减少环境污染、节约资源为出发点的清洁生产,然而现在应用的很多施工技术仍是以保证工期、进度、成本、安全等生产目标实现的传统施工工艺,难以从技术层面上满足绿色施工的环保要求。缺少了绿色施工技术上的支撑,"四节一环保"的施工建设目标就难以实现或者只是表面实现,而只有在建设阶段围绕着各个施工环节推行绿色施工工艺,改变传统的粗放型施工方式才可以从技术层面满足绿色施工要求。

(五) 施工人员素质层面

目前我国建筑行业仍属于劳动力集中的粗放型产业,而建筑行业的从业人员又是建筑从无到有的直接参与者和实现者,所以实现绿色施工就离不开一批具有绿色意识和一定绿色施工技术的从业人员,施工管理者需要以绿色的理念来进行管理,施工人员需要在工作中具备一定环保

121

节能意识和绿色施工技术能力。

第三节　工程项目绿色施工现状

借鉴发达国家的经验，中国政府非常重视整个建筑供应链上各企业产品的环境要求。生态保护部在"国家环境友好企业"的评价过程中，密切关注企业产品、管理、环境等各方面指标。各地方政府发改委鼓励企业实施清洁生产战略，加快循环经济的推进；经济委员会重点对工业污染企业的单位产值资源能源消耗指标进行考核。政府要求企业开展绿色供应链管理，对企业供应链的绿化要求进一步提高。

绿色施工以节约资源为核心，以环境保护为原则，在施工过程中减少消耗不可再生能源，避免环境污染，在保证施工作业人员健康安全的前提下，按时按质按量地完成工程施工任务。总体来说，绿色施工包括施工管理、环境保护、资源节约和职业健康与安全管理四部分。EPC建筑项目绿色施工列举如下。

一、施工管理

施工管理是实施绿色施工的基础环节，主要包括以下四点：建立EPC建筑项目绿色施工管理体系、明确管理目标、制定规范的管理制度；营造绿色施工意识和气氛，动态管理EPC建筑项目的施工过程；编制EPC建筑项目绿色施工方案与管理规划；综合评价EPC建筑项目绿色施工效果等。

二、资源节约

资源能源节约主要包括四大方面：节约用地（优化施工设计与布置，从而减少对土地的占用；对原有的绿色植被要进行保护，尽可能地对场地绿化问题进行优化）；节约水资源（充分利用非传统水资源，用于设备冲洗、混凝土搅拌养护；建立水循环利用系统；选用节水型器具；检测非传统水源和循环再利用水等）；节约材料（首先采用就地取材方式，合理选择采购单位，优选性能优越、节能环保的材料；优选施工方法，最大幅度降低材料损耗；回收利用废料等）；节约能源（选用节能环保型施工机械，提高机械满载率和使用率；充分利用可再生能源，降低不可再生能源的消耗；临时设备充分利用自然采光、通风等）。

三、环境保护

基于目前日益加强的政府和社会对建筑企业的要求，EPC 建筑项目绿色施工项目的管理目标中增加了环境保护一项。其内容主要是根据环境管理的有关建议与规定，最大限度地减少项目施工产生的各种污染问题（扬尘污染、噪声污染等），同时尽可能地节约并保护土壤、资源和地下设施，将工程项目施工中造成的影响降到最低。

四、职业健康与安全管理

职业健康主要是确保安全的职工作业环境与条件；考虑职工安全要求，配备必要的临时设施；定期体检、进行职业健康培训；合理安排职工作息时间等。

第四节　EPC工程项目绿色施工特点

结合工程项目的特点，我们可以得出EPC建筑项目绿色施工的特点如表6-2所示。

表6-2　EPC建筑项目绿色施工的特点

特点	特点详述
绿色施工具有单一性	由于项目具体内容、所处环境等的不同，使得每个项目有其不同的特点，总体来说，具有单一性
追求经济、社会、环境效益的有机统一	绿色施工追求四节一环保："节能、节水、节材、节地和环境保护"
统筹协调工作更加复杂	建筑业建设本身具有生产周期长、不可间断的特点；EPC总承包模式下分包商数量多，协调难度加大；绿色施工增加了项目的要求，对目标系统的优化要求更高
要求全员参与，且企业自身管理与技术水平较高	绿色施工要求项目所有人员都承担相应的责任，以更加合理高效的方法进行施工工作
需要信息技术支持	施工周期长；EPC施工主体多；施工管理单位与施工场地分离
绿色施工增大项目实施的风险	EPC总承包需要新的技术；新技术具有不确定性

一、EPC 建筑项目绿色施工具有单一性

工程项目遇到的问题会由于其所处地质条件、社会环境、气候环境等的不同而有所差别。所以说，绿色施工必然会由于其施工项目的单一性而具有单一性。这就需要总承包商和各分包商在进行绿色施工部署时，必须针对其项目具体的地质、社会、气候等环境条件进行规划，从一个较为全面的角度论证其施工设计及实际施工过程中环境保护、施工安全及能耗节约等方面的可行性，实现项目绿色施工。

二、EPC 建筑项目绿色施工旨在有机统一社会、经济、环境效益

传统施工的主要目标一般是尽可能地缩短工期，为了达成目标，其过程往往会极大地浪费资源。而绿色施工在建筑项目管理中增加了节约资源、环境保护等目标，从战略层次确定严格四节一环保的目标，并将其具体落实到各级实施中。

三、统筹协调工作更加复杂

鉴于建筑业生产产品的固有特点（生产周期长，具有不可间断性，生产过程受气候影响大等），工程类项目的施工工序繁多，各专业相互影响，加上供应链的发展，EPC 总承包模式下分包商的数量日益增多，如何良好地协调工作将直接影响到组织施工活动的顺利完成。此外，除了对施工过程、项目各参与方的协调，绿色施工还要求将安全、环保、

节能等目标纳入协调范围。即在综合分析的基础上，优化目标体系，使得建筑项目的产品更符合实际要求。

四、全员全过程参与

EPC建筑项目绿色施工要求企业全员（管理者和所有企业人员）参与，同时要求企业自身拥有较完善的管理组织和较高的技术水准。

绿色施工贯穿于施工的整个阶段，是每个具体步骤的目标之一，这就要求项目所有人员都要承担并实施一定的任务，以更加合理高效的方法进行每项工作，优化工作流程、提高工作效率，采用科学化、精细化的方式组织生产。

五、EPC建筑项目绿色施工需要信息技术支持

建筑项目施工周期长，这期间可能有不同的施工主体参与，相关信息可能传递不完全不及时；同时，由于施工管理单位和施工场地分离，导致信息传递具有延迟性和不准确性。为了达到高效、节能、环保的目的，需要依靠良好的信息技术才能更好地实现信息的动态管理。

六、EPC建筑项目绿色施工一定程度上增加了项目各方面的风险

EPC建筑项目进行绿色施工很大程度上需要依靠新技术。新工艺、新技术由于其产生时间短、应用较少，还存在一定程度上的不确定性，导致项目的工期、成本等风险增加。

EPC 总承包商识别其承包工程中可能引发风险的因素，分析其发生主体、类型及发生的影响因素，判断发生这些风险可能造成的不良后果并提前采取措施进行管理的过程就称为风险识别。由于 EPC 工程项目的复杂性及风险本身具有的不确定性，应该持续不断地对风险进行识别。控制已识别的关键风险，使之成为次要风险，减少不确定性可能造成的损失。同时要预防之前识别的次要风险在环境的不断变化中发展成为新的关键风险的可能，或者新风险出现造成的损失增加，因此企业项目要持续进行风险的识别。

第五节　EPC 工程项目绿色施工存在的问题

对于 EPC 建筑项目绿色施工中不利的影响因素，已经有相关研究。通过文献查阅获得：在绿色施工方面，张立山[6]等认为公民绿色施工意识缺失、施工企业利益驱动、企业管理水平滞后、现行法律法规制度不完善等都将影响我国绿色施工发展；肖绪文和冯大阔[7]给出了绿色施工与传统施工的区别与联系。

通过调查建筑项目中上至管理人员，下至施工作业人员发现：管理人员不建议对 EPC 建筑项目实施绿色施工，是因为其过程中不可避免地要用到新技术和新工艺，但其实际应用效果却不能有效度量，甚至可能造成成本、工期等的增加，所以企业管理人员实施绿色施工的积极性不高；施工作业人员则表示对新的施工方式不适应，不太关注施工过程中的环境污染与资源浪费等问题。

综上，通过前期调研及走访，如表 6-3 所示，EPC 建筑项目绿色施工中主要存在问题可归结为以下几点。

表 6-3　EPC 建筑项目绿色施工中主要存在问题

问题类型	问题详述
员工绿色施工意识低	由于工程项目本身容易造成噪声、光、固体废弃物等污染，且基层人员不具备较高的文化程度，他们往往会忽视施工中保护环境等行为
技术支持体系不完善，建筑企业整理管理水平低	绿色施工技术支持体系主要包括现场监测技术、设备与物流管理技术、绿色施工组织设计数据库系统、绿色施工综合技术等； EPC 建筑项目的实施以及绿色施工新技术新材料的应用，使得施工效果难以保障； 建筑业从业人员素质水平普遍偏低
EPC 总承包下业主招标范围小，成本较高	业主招标专业性强，可选的承包商范围小； EPC 总承包模式下总承包商承担了更多的管理工作和风险，总承包商要求更高的合同价格，从各方面增加了业主进行工程项目的成本
法律法规制度不健全	我国缺乏绿色施工方面的法律法规，工程项目本身又有协调成本高且难度大的问题，即便采用 EPC 模式也难以彻底解决这些问题，这也在一定程度上制约了 EPC 建筑项目中绿色施工的发展
监督评价机制不完善	国内缺少必要的评价体系，完整系统科学的绿色施工评价监督制度相对较少，不能确定建设项目的绿色施工水平

一、员工绿色施工意识低

在工程施工中，由于项目本身容易造成噪声、光、固体废弃物等污染，而基层施工人员一般又不具备较高的文化程度，缺乏绿色施工意识，经常忽视施工过程中的环保问题。因此，施工人员环保意识低下阻碍了绿色施工的顺利实施。

工程项目管理人员相关的法制观念淡薄，又缺乏法律法规对其进行约束。中国历史绵长，上千年封建社会形成人们亘古不变的"人治"观念。政府致力于推进依法治国，但在法制建设方面仍然存在明显差距，"无法可依、有法不依、执法不严、违法难咎"现象并不鲜见，工程建设过程中风险责任难落实。

二、建筑企业整理管理水平低，技术支持体系不完善，绿色施工成本高

绿色施工技术支持体系主要包括现场监测技术、设备与物流管理技术、绿色施工组织设计数据库系统、绿色施工综合等技术。目前，所需技术支持体系尚不够完备，加之构建技术支持体系所需成本较高，很多企业难以实施。另外，由于EPC建筑项目的实施以及绿色施工新技术新材料的应用，在一定程度上增加了企业运营的成本，而且施工效果难以保障，使得相关建筑单位进行绿色施工的积极性不高。此外，由于我国建筑业从业人员素质水平普遍偏低，企业的管理水平也相对较低，鉴于建筑企业目标在于以最低的成本在有限的时间内有质量地完成项目，企业管理人员主动开展绿色施工相关工作的意愿不强。

中国虽然已经大规模地进行了工程建设方面的管理体制改革，想要接轨国际工程承包市场，具体制度规定涉及严格化工程项目的招投标制度、完善项目管理制度、加强对工程的监理制度、严格按照基本建设程序办事的程序，但仍然与国际工程承包市场存在一定差距。作为现今承包市场的主流之一，EPC总承包市场不断发展，管理难度大大增加。与此同时，虽然我国现有制度存在抵触国情现状、仅延续传统观念体制、人情关系浓而法治观念淡薄的现象，导致制度实行保障存在缺失。

三、EPC 总承包下业主招标范围小且成本较高

由于业主招标专业性强，可选的承包商范围小。而且相比于传统的承包模式来说，EPC 总承包模式下总承包商承担了更多的管理工作和风险，从各方面增加了业主进行工程项目的成本。与此同时，我国合同文件、招投标文件撰写取得了很大突破，工程项目建设相关管理文件逐渐完善，但管理文件存在实践可操作性差的问题。当发生具体矛盾争执时，缺乏提供具体实施细则借鉴参考。

四、法律法规制度不健全

目前我国绿色施工方面的法律法规不够完善。《绿色施工导则》只具有指导性和探索性，建筑企业完全可以不执行该导则。并且，我国建筑项目的评标内容较少涉及绿色施工方案，承包商和分包商就缺乏主动增加绿色施工方案的积极性。工程项目本身就有协调成本高、难度大的问题，采用 EPC 工程总承包模式也很难消除这些问题，这也在一定程度上制约了 EPC 建筑项目中绿色施工的发展。

五、监督评价机制不完善

当前国内缺少必要的评价体系，完整系统科学的绿色施工评价监督制度相对较少，不能确定建设项目的绿色施工水平。2015 年修订的《绿色建筑评价标准》大范围实施，在一定程度上促进了绿色施工的发展，但仍有待于进一步完善。

第七章

EPC 工程项目绿色施工风险管理

第一节 风险管理

可测定的存在不确定性的因素称之为风险，风险指的是损失的可能；风险一般指的是某一经济损失发生的不确定性；风险指的是对特定情况下未来可能发生的结果的客观怀疑；风险是一种无法预估的，往往得到的实际后果与事前的预测后果可能存在差异的倾向；风险指的是损失出现的概率；风险也是指潜在损失的变化空间与波动幅度等。风险是指某一事件发生后组织承受损失的可能性，或者用于描述与预期状况产生偏离的程度。企业如果能够全面、及时地掌握风险的特点，就可以对症下药地构建或调整企业的风险控制体系，来提升管理效率，将风险可能带来的不利影响降到最低。掌握并控制风险，与企业经济效益的增长，有着紧密的联系。

风险管理是通过对风险的识别、衡量和控制，从而以最小的成本使风险所致的损失达到最低程度的管理方法。风险管理不仅仅是一门技术、一种手段、一种管理过程，更是一门新兴的管理科学。

风险管理是指在工程项目建设过程中，当事人在其实现预定目标的过程中，将未来的不确定性可能产生的影响控制在可接受范围内的过程和系统方法。人们对潜在的意外损失进行识别、分析、评估、预防和控制的过程，其目的是将积极事件的概率与影响最大化；将消极事件的概率与后果最小化。

风险在现实生活中无时无刻地客观存在着，具有不确定性。所带来的损失即是因不确定的突发，对未做相应防护措施的生产生活产生不可预见的损失。

一、风险特征及识别

风险特征如下。

（一）客观性

风险是客观存在的，不以人的意志为转移。由于具有客观性，就需要企业及时采取规避、接受或者利用的方式正确面对风险。

（二）不确定性

不确定性是风险的本质，由于事物具有复杂性与相互关联性，风险会随着事物的发展在前进过程中产生新的类型。有可能一个细小的异变就会带来连锁反应，产生牵一发而动全身的后果，所以，风险很难被全方面地认知和控制。

（三）可测性

虽然风险的本质是不确定性，但并非代表对客观事物变化情况毫不知情，而是指对风险的测评是不确定的。对风险的测量过程，就是企业对风险评估的过程，根据以往搜集到的大量资料，利用定性或定量的方法可测量类似事例发生的概率及其带来的损失程度，并且可以通过构建风险评估模型，成为风险测评的基础。

（四）发展性

随着我国社会进步和发展，风险也在不断地改造与发展，尤其是随着高新科学技术的发展和应用，风险的发展性步伐也不断加快。风险会因时间、空间因素的不断变化而发展变化。

对风险做出识别是进行风险控制的第一步。若能够系统地掌握潜在的风险，就可以去评估风险有可能带来的损失，并根据企业自身需要，选择适宜的方法应对风险。风险识别的方法主要有德尔菲法、流程图分析法、头脑风暴法、情景分析法、财务状况分析法等。

1. 德尔菲法

德尔菲法又名专家意见法，它的应用前提是专家们不会见面，主要由四个部分组成：首先，由询问人确定好需要征询的专家人员，并向专家们指出关于征询的问题；其次，对专家们给出的意见进行数据的整理和统计，在专家们的意见基础上进行总结归纳，之后再将总结反馈给专家们；再次，经过与前面几次相同的问题征询，再总结，再反馈，最终根据专家们趋于一致的预测意见，总结出的预测结论必须是能够适应工程项目物资采购市场未来发展趋势的。

2. 流程图分析法

流程图分析法是根据企业业务流程分步骤绘制图表，然后对每一个步骤、每一个因素进行分析，从中发现潜在风险，并找出导致风险发生的可能因素，评测某个风险发生时会造成的损失以及会对整个企业带来的不利影响的程度。使用流程图法，可以通过梳理工作流程，较为清晰地凸显出企业作业的薄弱点与关键点，结合企业的现存问题与相关历史资料，识别企业的风险种类。

3. 头脑风暴法

头脑风暴法又称自由思考法，其可以分为两类：一是直接头脑风暴法，主要指组建一个小组，让大家开始集体讨论，鼓励大家尽可能地把自己的意见和想法都表达出来，从而促使形成更多的风险问题或意见，成员是由熟悉采购风险工作的职员和采购知识丰富的学者专家组成；二是质疑头脑风暴法，在进行风险识别时主要是对直接头脑风暴法提出的每一个想法和建议，进行质疑分析，明确核心的风险，同时排除掉不符合实际情况的风险的一种方法。

4. 情景分析法

情景分析法主要被应用在两个方面：分析环境和形成决策。因为情景分析法能够在企业所面临各种长期风险和短期风险的时候，把企业的各种威胁因素和企业外部的机遇因素可能发生的方式与企业的现实情况连接上，在基于假定的某种现象或某种趋势将会持续下去的情况下，能够预测出所预测的对象可能引发的后果或可能产生的情况的一种分析方法。

5. 财务状况分析法

财务状况分析法是根据企业主要的财务报表对企业的财务状况深入研究，从财务指标中发现问题的一种方法。在使用财务状况风险法进行风险识别时，其优点是分析的数据资料准确、客观且外部人员易懂。但财务状况分析法的局限性也非常大，表现在三个方面：第一，从财务状况的角度仅仅能够得到量化的风险，对于由非货币形式所带来的问题，如操作中的不规范、人员素质和管理决策等问题无法识别；第二，若没有很准确的财务资料则无法得出正确的分析结论；第三，得出的数据不能反映公司的全貌，部分财务数据仅能被专业财务人员所利用。

从风险识别方法上来看，使用单一的方法远远是不够的，因为各种方法的侧重不同，仅使用一种方法对风险的分析都较为片面，必须将多种风险识别方法相互融通、综合运用。

风险识别的过程一般可以分为以下五个步骤，如图7-1所示。

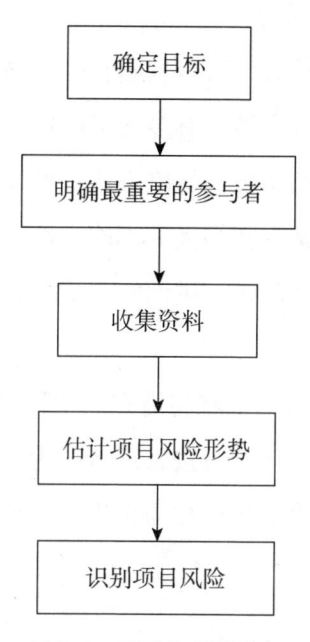

图7-1 风险识别的过程

（1）确定目标

项目风险识别的目标就是要识别风险，这个目标是明确的。然而由于项目性质的不同、项目合同类型的差别，项目风险管理的目标会有一些差异。

（2）明确最重要的参与者

根据项目风险管理的重点和范围，确定参与项目风险识别的人员。

这些参与者应具有经营及技术方面的知识，了解项目的目标及面临的风险，应具备沟通技巧和团队合作精神，及时沟通和分享信息，这对项目风险识别是非常重要的。

（3）收集资料

项目风险识别应该收集的资料大致有如下几类：项目产品或服务的说明书；项目的前提、假设和制约因素；与本项目类似的案例。

（4）估计项目风险形势

通过项目风险形势估计，可以判断和确定项目目标是否明确，是否具有可测性，是否具有现实性，有多大不确定性；可以分析保证项目目标实现的战略方针、战略步骤和战略方法；可以根据项目资源状况分析实现战略目标的战术方案存在多大的不确定性，彻底弄清项目有多少可以动用的资源，对于实施战术，进而实现战略意图和项目目标是非常重要的。

（5）根据直接或间接的症状将潜在的项目风险识别出来

建设项目施工阶段的风险可按管理者分为业主风险和承包商风险两类，每一组和每一类风险都可以按需再进一步细分。

二、风险评价指标体系建立

在拟定 EPC 工程总承包企业风险评价指标体系的过程中，考虑到设计管理的风险评价十分复杂，构成该系统的不同指标彼此间存在广泛且深入的联系。所以，为了确保最终的指标是充分客观和准确的，同时让项目设计风险管理更为客观，指标要具有一定的综合性，能反映和度量被评价对象的优劣程度，指标内容明确、重点突出、表意精准，同时要避免重复性的指标，指标评价所需数据要方便采集，要同时满足精简和目的性的目标，指标要尽可能是量化的，如果是定性指标，必须选择有效的算法和工具进行处理，方便指标的评价。具体应当遵循以下几条原则。

（一）科学性原则

在拟定设计风险管理指标时，首先必须从科学的角度出发，确保指标可以详细地揭示出 EPC 工程总承包项目面临的风险所具有的特点及其彼此间的联系，同时借鉴专家调查结果以及 EPC/交钥匙合同规定，把定性和定量指标融合在一起，然后利用风险等级评价工作。

（二）系统性原则

EPC 工程总承包设计风险管理评价指标体系内的指标，彼此间并非形式上的堆砌，而是不同指标间彼此存在关联。而且指标体系能够全方位地揭示出 EPC 工程总承包企业设计过程中全部潜在的风险。根据这一原则的要求，在进行项目风险识别上，要做到范围上全部涵盖，在具体的细分上尽量找到最为关键性的描述。前者指的是以项目风险因素为对象，展开全方位的管理分析，同时从不同的角度出发，完成风险的分解，以获取项目原始风险清单。后者指的是对风险清单中列出的风险进行分析，衡量风险的重要性程度，找到关键性的风险，作为后期风险评价和管理的重点对象。

（三）动态性原则

随着设计工作不断推进，一部分不确定性在随之减小，同时一些新的不确定性可能出现。也就是说，在项目全过程周期中，设计风险不是一成不变的，如果发现项目环境发生变化，设计阶段开始失控，需要重新对设计风险进行识别与评价。在开展项目风险识别时，要针对项目所面对的环境以及所拥有的条件和项目范围的波动，对项目和项目要素所面临的确定的或潜在的项目风险开展动态地识别。

（四）针对性原则

相同的指标体系并非适用于所有的评价项目，而一套指标体系不可能适用于所有的 EPC 项目，所以 EPC 总承包企业应该针对不同项目的特点，对于从事多项目的 EPC 总承包企业来说，一个可持续的方法是先建立一个基本的指标体系，然后建立指标完善体系。

（五）可操作性原则

在确定指标体系时，要确保资料和数据的采集是完全可行的，并且要在最大程度上降低评价的复杂性，简化操作步骤，确保相关部门能够更好地配合执行评价方案。

（六）层次性原则

最终确定的指标体系必须符合科学的层次性，按照一定准则创建不同的层次，属于相同层次的指标具有独立性，防止出现重复揭示问题的现象。我们可以将项目看作非常复杂的系统，该系统所包含的不同风险因素彼此间存在广泛、深入、复杂的关联，比如主次关系、因果关系、同向变化关系等。在进行项目风险识别时，不能忽视不同风险彼此间的关联，明确界定不同项目风险的含义，在最大程度上防止产生重复、交叉的问题。

（七）先怀疑，后分析

EPC 工程总承包企业设计风险识别中遇到问题，首先必须权衡其是否具有不确定的特点，并据此完成风险的确认以及剔除。确认和剔除都非常关键，尽早完成风险的确认和剔除，无法剔除且不能确认的风险，将其当作确认风险，有必要针对此类风险进行深入的分析。

三、风险管理的过程

建设工程项目风险管理是指通过风险识别、风险分析和风险评价去认识建设工程项目的风险，并以此为基础合理地使用各种风险应对措施、管理方法，对项目的风险实行有效的控制，妥善地处理风险事件造成的不利后果，以最优的成本保证建设工程项目总体目标实现的管理工作。

通过界定项目范围，可以明确项目各个部分的工作范围，将项目的任务细分，使之更具体、更便于管理，避免遗漏而产生风险。在项目进行过程中，各种变更是不可避免的，变更会带来某些新的不确定性，风险管理可以通过对风险的识别、分析来评价这些不确定性，从而向项目范围管理提出任务。

风险管理是指对经济活动中所存在的不确定因素进行辨识、分析评价、控制防范的过程，内容主要分为风险识别、风险分析、风险评价、风险控制和处理四个阶段。

（一）风险识别

风险识别是指系统地、持续地鉴别、归类和评估建设项目风险重要性的过程。风险识别是指承包商对工程项目可能遇到的各种风险类型和产生原因进行判断分析，一般承包商对风险进行分析、控制和处理。风险识别是风险分析和采取措施前的一个必要步骤，最终形成风险识别报告。常用的风险识别方法有德尔菲法、专家会议预测法、故障树法等。

（二）风险分析

风险分析是基于人们对项目风险系统的基本认识上的，通常首先罗列全部的风险，然后再对风险进行分类，找出对自己有重大影响的风险。为了便于项目管理人员理解和掌握，风险一经识别，一般都要划分为不同的类型，人们对风险的认识是与他所处的角度、分析时所处的项目阶段都是有关的。风险因素通常要从多角度、多方面进行，形成对项目系统风险的多方位的透视。风险分析可以采用结构化分析方法，即由总体到细节、由宏观到微观，层层分解。风险分析的第一步是风险识别，其目的是减少项目的结构不确定性。

（三）风险评价

风险评价是通过运用统计、分析技术对风险识别报告中的各种风险的出现概率分布情况等进行分析，衡量每种可能发生的风险发生的频率和幅度及对企业的影响程度的重要一环。风险评价是用尽量客观的统计数据（包括财务数据）为基础，进行数据分析、评估和预测，再根据外部环境、行业竞争对手、企业自身风险承受能力和对风险事件的期望目标等相关条件作为参考。

（四）风险控制和处理

风险控制和处理是在对风险进行识别、分析和评价的基础上，制定承包商在整个建设工程项目实施过程的风险管理的策略和方法，制定风险管理计划，从而实现防范风险发生、减少风险损失的目的。

第二节　EPC工程总承包项目风险管理

一、EPC工程总承包项目风险管理的特点

（一）承包商承担更大的风险

EPC工程总承包项目因其交钥匙工程的特性，必然由承包商承担更大的风险。EPC工程总承包方按照合同约定，承担着建设项目的设计、采购、施工等一系列工作，并且需要对承包工程的质量、造价、工期、安全管理等全方位负责。

首先，传统的施工管理模式，项目合同结构复杂，设计、材料、设备的供货商、业主、服务的承包商等多方的合同关联性大，一旦发生纠纷很难判定责任方，增加的风险和费用由业主承担；而EPC工程总承包项目的特点是合同结构相对简单，责任界面划分清晰，在没有明确的证据下，很难得到业主的补偿。

其次，因EPC工程总承包方的整个流程跨度大，涵盖了从项目设计、项目采购、项目施工、项目开车、项目控制管理、政府协调等多个子项，对于项目管理人员的要求较高；同时EPC工程总承包方需要控制和沟通协调的对象增多，相关利益者众多，不但要面临着收款的风险，同时也面临着供应商及分包商的付款压力。这对EPC工程总承包方的信息共享和企业的集成式管理都提出了更高的要求，风险也更大。

再次，EPC 工程总承包项目一般都采用固定总价的合同模式，前文提到，除非业主增加工作量、更改流程、提前工期等对项目有较大影响的变更，才会调整合同总价，增加变更费用。如涉及国外的项目或需跨国采购，EPC 工程总承包方还面临着汇率的风险，当前的经济形势下，人民币对美元等主要货币的汇率不稳定，会进一步地加大 EPC 工程总承包商的风险。

（二）投标时不确定因素多

EPC 工程总承包项目投标报价的风险程度绝对不等同于项目设计概算预算工作，它会直接关系到 EPC 工程总承包商的生存与发展。因此，EPC 工程总承包方如何能按时、精准、高效地做好投标报价，也就成了非常关键的问题。

首先，一般的承包商在投标时就会拿到施工图纸以及工程的具体标准要求，相对容易确定工程造价。但由于 EPC 工程总承包项目报价一般都在初步甚至概念设计阶段，不确定因素非常多，比如设备选型难度大，设备的型号、标准和要求众多，往往会失之毫厘，差之千里，因此对 EPC 工程总承包方专业的数据库和专业人员的知识和经验要求都较高。

其次，因为 EPC 工程总承包项目从投标报价到合同签订再到项目实施，往往需要相对较长的周期，而市场的价格瞬息万变，如遇到建筑行业的材料波动较大，尤其是钢材、铜等主要原材料有较大的涨幅，就会给 EPC 工程总承包方造成较大的损失，根据 EPC 工程总承包项目合同的规定，一般都不会得到相应的补偿。

(三) 招投标风险并存

一般的施工承包商在项目中标后,将组织自有资源实施项目,如有需要可进行专业的分包或劳务分包,因此对于普通的施工承包商而言,分包的比重不大;而EPC工程总承包方在项目中标后,需要采购设备、确定项目分包商,需要进行采购招标等多项工作。众所周知,招标存在诸多风险,例如招标标段划分不合理、原材料涨价、招标文件及合同不完善、后续被分包商索赔、分包商履约风险等,甚至因为分包商行业或地域垄断等原因会造成EPC工程总承包方实施项目过程中处于被动的局面。

(四) 风险控制可获得较高利润

一般的工程承包商获得利润的主要来源是按照既定的进度计划、图纸等组织项目施工,主要的利润几乎都是来源于人工费用节约、材料采购差价,以及多项目之间的资源协调调配优化产生的利润。而目前施工项目的市场材料采购和人力成本透明,项目管理的同质化程度较高,同时因工程行业进入门槛低,竞争对手众多,不少承包商为获得项目,不得不采取低价中标策略。综上所述,虽然一般工程承包商承担的风险较低,仅需按图施工,但是获得的利润也有限。而EPC工程总承包方的利润点众多,主要包括优化设计、限额设计、引入分包商竞争降低成本、大宗采购、进度提前等多方面获取利润的突破点,其中优化设计是带来可观的利润最为有力工具,而且因整个项目的控制权主要集中在EPC工程总承包方手里,在较长的时间跨度里,EPC工程总承包方可以很好地纠正偏差,节约成本,获得利润。

因此,EPC工程总承包模式对承包商的要求更高、承包商承担的风险更大,同样也可以为EPC工程总承包商带来可观的利润。

二、EPC 工程总承包项目风险监控与应对

（一）表格分析法

EPC 工程总承包项目风险管理最常用的方法即是表格分析法。根据风险识别的成果、风险分类方法、相关管理程序等，建立风险管理表格，表中尽可能非常全面地列出所有的风险，并用文字说明风险因素的来源，包括风险一旦发生后可能造成的后果、对风险发生的可能性的估计、风险发生的次数估计等。例如：设计阶段存在的某一风险，风险因素为设计缺陷，那么将其分类在设计阶段、行为风险；风险因素为新技术的应用，那么将其分类在设计阶段、技术风险；施工阶段存在的某一风险，风险因素为市场价格波动、汇率和利率波动、经营不善等，那么将其归类在施工阶段、经济风险；采购阶段存在的某一风险，风险因素为验收不合格、保管与存储问题、供货进度延误、质量安全问题等，将其归类为采购阶段、组织风险等。表格的设立应当便于进行风险管理的其他各项工作，在 EPC 工程总承包项目中标实施时，按照既定程序，不断地追踪表格中风险的实际发生概率，并不断地动态完善跟踪。

（二）调查研究法

根据 EPC 工程总承包项目的招标文件、项目执行过程中的过程文件，分析项目的具体情况，可采用调查问卷、头脑风暴及专家调研等方式对项目潜在的风险进行调查研究，根据调查研究结果定义和调整项目的风险系数，降低风险，同时在执行项目时，在不同的工程阶段，请各专业专家座谈，收集各位专家根据项目经验提出不同工程阶段的需注意

的事项合理更新风险清单。

在对EPC工程总承包项目的风险进行定性和定量的分析之后，针对评估的结果，根据不同的风险等级以及EPC工程项目的风险特点，制订出各类别风险的处理办法和控制策略，降低风险造成的损失，以提高项目目标现实的可能性。风险应对的策略大致可分为以下三类：风险规避、风险转移和风险接受。

1. 风险规避

EPC工程总承包方在项目执行过程中，可通过提前的风险分析，尽可能地规避大的风险，降低风险发生概率，或在发生风险时降低损失。

应充分仔细阅读业主的招标文件，仔细理解工作范围，明确工作难度，同时对工程项目所在地的水文地貌、政府特殊管理规定应仔细了解，细致分析。明确和业主双方的工作分工，确定己方职责，对业主做好资信调查，必要时要求业主出具付款保函或相应凭证证明业主有能力支付工程款。

EPC工程总承包方应采用先进的技术以及完善的组织机构。为了最大程度地减少产生风险的因素，应该选择抗风险、弹性强的技术方案，采用可靠的安全保护措施，并在整个实施工程中严密监控。

在采购和分包时，应合理划分标段和工作包，设置合理采购和服务周期，合同条款应尽量地引用合同范本相关条款，语言规范准确，应聘请业内专家法律顾问会审，各标段应当相对独立，减少交叉施工，降低各工作包和设备供应商的相互推脱导致工期延误或发生安全事故。如可能，应要求分包商和供应商提供合理的风险保证金或出具预付款保函、履约保函、质量保函等，预防分包商和供应商不履行合同义务或发生资信风险。

2. 风险转移

EPC工程总承包方在面对无法规避或预计可能发生并造成重大损失的风险，可以通过对不擅长专业的工作内容进行专业分包，以及对不确定的特殊条件可能造成的损失购买商业保险等方法予以风险转移。

3. 风险接受

在项目执行过程中时，一些社会突发事件或由于其他利益相关方的强势地位而造成的风险是无可避免的，或者即使可预见到风险的发生也无法利用自身掌握的资源进行规避和转移，当评估风险发生后所造成的潜在影响较小或风险概率的极低时，EPC工程总承包方可选择接受风险，由自身承担不确定性引起的风险。

三、EPC工程总承包项目风险识别和评价

EPC工程总承包项目的风险管理应贯穿整个项目始终，从风险管理的时效角度上可分为事前管理、事中管理和事后管理。从各项研究表明，事前管理能取得很好的控制风险效果。那么，对于EPC工程总承包项目，风险识别和评估就显得尤为重要。

（一）EPC工程总承包项目风险识别和评价的主要依据

由于EPC工程总承包项目的特殊性，在投标过程中可编制适合该项目实施的风险管理规划，该规划涵盖工程总目标、工程范围、工程进度计划、企业的利润期望值等，这些都是后续项目风险识别的主要依据。同时，根据业主提供的招标文件以及类似项目的历史资料，编制风险核对表格，作为投标以及项目实施的风险管控依据。EPC工程总承包方企业内部的风险识别、风险控制程序，以及根据多项目的执行经

验，进行的经验总结教训也是风险识别的重要依据。

（二）EPC 工程总承包项目风险分类

EPC 工程总承包项目的复杂性，决定了总承包项目风险种类繁多。风险可分为系统风险和非系统风险。系统风险涉及宏观经济、国家政策对行业的影响等企业外部环境，非企业自身通过管理能控制或降低，在此处不做过多探讨。按照项目的实施阶段分类可分为决策阶段的风险、项目执行阶段的风险、项目结束阶段的风险。根据风险的来源可分为行为风险、经济风险、技术风险、组织风险、合同风险、自然风险、人为风险等。根据 EPC 工程总承包项目风险的因素将风险分门别类，可以更高效地识别项目风险，同时根据项目的风险分类可以制订相应的程序，确定风险识别后的报告机制、解决方案、解决时限及每个条目的负责人等。同时该类风险识别的信息积累，也可以为后续的项目提供完善清晰的历史资料。

（三）EPC 工程总承包项目风险识别和评价的方法

风险识别和评价的方法多种多样，在此介绍下列两种常用的分析方法。

1. 历史数据分析法

根据行业历史数据以及企业数据库，找到同类项目，对以往项目进行分析，对照拟投标项目的各项参数、合同文本等，仔细分析，寻找拟投标项目的风险点，编制风险管理规划。

2. 风险矩阵模型

首先，分析项目各种风险因素之间的内在联系，建立项目风险系统阶梯层次的结构，对归属于同一层次的各个元素关于上一个层次中的相关因素两两比较，构造出两两比较的判断矩阵，由判断矩阵计算出被比较元素对于该准则下的相对的权重比，然后计算出各层元素对系统最终目标的合成后权重比，进行排序，构造矩阵。矩阵的横坐标为发生的可能性：不可能、可能、很可能、极可能和一定。纵坐标为影响的权重：毁灭性、严重、一般严重、轻微、无影响。通过矩阵识别出风险的重要性、发生的可能性，以及对项目的影响等重要因素加以管控。

（四）EPC工程总承包项目风险识别和评价的结果

风险识别和评价的成果应当形成书面的文件，描述识别出风险的原因、不确定的假设等，应贯穿整个项目的风险管理全过程；描述针对风险的征兆或者预警、应对措施，通过专门的风险管理部门核实，检查风险因素的全面性，建立相应的风险控制程序，对识别出的风险进行分级管控、合理评估，最终形成整个EPC工程总承包项目的风险识别大纲。

同时，风险识别和评价的结果不应该是静态的，应当随着项目输入条件的不断变化以及项目实际发展状况而动态循环执行。通过动态的观测条件的改变，不断地调整识别出风险的等级或新增加识别风险。

第三节　EPC工程总承包项目绿色施工风险管理

建筑工程项目风险识别是一种综合性的、全面的、持续性的工作。它是项目风险管理过程中最基本和最重要的一环，其工作结果的好坏直接影响着后续的风险管理工作及其效果。感知风险是建筑工程项目风险识别的基本内容，即通过调查了解识别风险存在，初步掌握风险产生的原因、条件及其影响。对建筑工程项目风险发生过程的全程跟踪可以掌握其发生规律,有效地识别建筑工程项目大概可能发生的风险。进一步掌握建筑工程项目风险实施过程中不同类型风险问题出现的内在动因、外在条件和产生影响的途径,除了要探讨存在的风险,还需实时监控、识别出各种潜在的风险。

EPC总承包商识别其承包工程中可能引发风险的因素,分析其发生主体、类型及发生的影响因素,判断发生这些风险可能造成的不良后果并提前采取措施进行管理的过程就称为风险识别。由于EPC工程项目的复杂性及风险本身具有的不确定性,应该持续不断地对风险进行识别。控制已识别的关键风险,使之成为次要风险,减少不确定性可能造成的损失。同时要预防之前识别的次要风险在环境的不断变化中发展成为新的关键风险的可能,或者由于新风险出现造成的损失增加,因此企业项目要持续进行风险的识别。

一、EPC项目绿色施工风险识别的方法

现今主要有两种方法可用来分析EPC建筑工程绿色施工阶段的风险识别。

(一) 预防式分析

即在事件发生之前就进行预测,主要是结合之前项目的相关经验进行归纳总结,分析可能出现的问题、该问题可能造成的损失以及如何有效防范该问题的发生。

(二) 原因式分析

即在问题发生之后根据结果寻找该问题发生的具体原因。通过分析

项目本身特点、所处的环境因素等都可以使得我们更准确地对风险进行识别。

首先，进行项目假设。编写项目建议书、撰写可行性研究报告都是项目开始所需的基础，但其编写的前提都是满足某些假设。实际生活中，有些假设可能会因环境变化而出现变动，甚至出现完全相反的情况，从而影响可行性报告的研究结果。这些问题就说明项目假设本身存在一定的不确定性，如果我们能有效识别这些不确定性，并对其做好防范的相关措施，就能使得企业能在一定程度上减少不确定性甚至规避风险。

其次，提炼项目特点。项目所能提供产品的质量等特点一般来说都是由项目的特点决定的，要想完美地保证产品质量，最好的方法就是控制项目实施中的各种风险。具体来说，对于超高层建筑项目、保障房项目和普通住宅项目来说，其项目目标要求不同，绿色施工过程中所需用到的工具、技术、材料也就会有相应的差别，在这种情况下，根据项目特点识别其所面临的风险是非常必要的。

最后，总结类似项目经验。类似的项目实施一定会产生相应的经验和失误，如果项目成员能及时总结并学习这些教训与经验，秉着"有则改之、无则加勉"的态度进行学习与工作，一定会对后期项目的实施有很大的帮助。

二、EPC项目绿色施工风险主体分析

EPC建筑项目绿色施工是一项系统的工程，项目参与各方都会对项目实施效果造成影响。因此，只有具体剖析所有参与方对EPC建筑项目绿色施工的影响，才能更加有针对性地制订风险分担策略。

EPC项目的过程包含设计、采购、施工等，具有目标唯一性、一次性、资源需求多变性等属性。这些属性导致EPC建筑项目必须先有业主才能进行生产，而且根据项目内容的不同，其分包商、供应商的选择会经常变换，增大供应商关系管理难度。

EPC项目供应链管理的目标：以项目为中心，建立设备、材料供应商，设计、施工分包商，业主、总承包商与监理等参与方合作的战略合作伙伴关系；以项目所需资源为主，管理相关资源；以信息共享为方式，整合各方物流及资金流，实现设计、采购、施工、验收、移交各阶段合作与协同，构建完善的项目工程管理体系，最终实现降低管理成本、缩短工期、提高工程质量的目标。

综上所述，EPC建筑项目绿色施工风险主体如表所示，主要包括几部分，如表7-1所示。

表7-1 EPC建筑项目绿色施工风险主体

主体类型	主体存在的风险
业主 （项目发起人和资金提供者）	由于其招标范围广，设计的专业度高，在招标和评标过程中都需要花费比传统更大的精力
EPC总承包商 （项目建设实施及管理者）	（1）总承包商负责项目的主要部分，要求总承包商在资金、管理和技术上都实力雄厚； （2）总承包商在EPC项目中处于核心地位，需要协调沟通的对象多
分包商 （专业分包商、劳务分包商）	（1）分包商最接近施工作业，其施工质量、工期、成本会对整个系统产生影响； （2）其施工人员的安全和健康也是考虑因素之一
供应商 （材料设备供应商）	（1）保证自身供应材料的质量和时间（如出现供应中断、供应延迟等问题）； （2）供应材料的运输过程中存在的问题

(一) 业主

业主作为项目发起人和资金提供者，由于其招标范围广，设计的专业度高，在招标和评标过程中都需要花费比传统更大的精力。且由于 EPC 模式下，设计和施工均由总承包商承担，业主可选择承包商的范围变小，成本反而变大，权力也受到一定的限制。

(二) EPC 总承包商

EPC 总承包商作为项目建设实施及管理者，是项目的主要核心，项目全过程中的风险均由其承担。此外，由于总承包商负责项目的主要部分，要求总承包商在资金、管理和技术上都有实力雄厚。同时，由于整个 EPC 项目的核心就是总承包商，他需要协调沟通多个对象，所以也就需要总承包商不断提升自身的项目管理水平。

(三) 分包商

分包商可根据分包项目的不同，具体分为专业分包商和劳务分包商，他们负责具体项目的实施工作，所以可能面临在项目工期内无法按时完成、或为保证项目工期而增加项目施工成本、降低工程质量的问题。同时，分包商最接近施工作业，施工人员的安全和健康也是分包商需要考虑的问题之一。

(四) 供应商

供应商也就是材料设备供应商，是影响 EPC 建筑项目绿色施工的重要因素之一。供应商能否保证供应材料的质量和时间（如出现供应中断、供应延迟等问题);在施工中出现材料短缺问题时,供应商能否快速准确及时提供材料;供应商自身的管理等都是影响供应商供货的重要条件。

三、EPC 项目绿色施工风险因素分析

一般来说,EPC 建筑项目的复杂性高于其他模式的工程项目,这就使得 EPC 建筑项目中面临的风险因素更加复杂。绿色施工阶段作为 EPC 建筑项目的实体形成过程,EPC 建筑项目风险管理的重点就变成对施工阶段的风险进行有效控制。而要有效地管理绿色施工阶段的风险,不仅仅要对绿色施工阶段产生的风险进行管理,还要对与绿色施工相关的各个阶段进行风险控制。基于上节对 EPC 建筑项目绿色施工中风险主体的识别和分析,结合 EPC 建筑项目绿色施工阶段存在的风险,可以得出 EPC 建筑项目绿色施工阶段的风险因素。

EPC 建筑项目绿色施工阶段最关键的风险就是绿色施工管理风险,具体可描述为以下几点。

(一) 施工管理机构

项目绿色施工良好实施最有力的组织保证在于施工阶段的组织管理机构。为有效应对环境变化对施工可能产生的影响,往往需要一个高效运行的组织机构,从而使得施工项目管理目标能够很好地完成。除此之外,如果施工管理机构运作良好,就能够很好地凝聚组织成员,从而高效完成项目目标。EPC 建筑项目需要总承包商协调多个分包商,因此,也需要有一个好的施工管理机构。

(二) 施工准备工作

施工工作能有效进行的前提在于施工准备工作的完成情况。施工准备工作完成得好坏将直接影响到后续施工的开展。从施工顺序来讲，施工准备工作主要包括前期调研并收集相关资料、选择相关技术材料、招聘有效劳动力、采购物资、做好特殊季节施工的工作准备等。

(三) 施工组织设计

在前期准备工作完成之后，施工过程中保证其顺利进行的重要因素就在于施工组织的设计。有效的组织设计能使得项目完成质量更高、速度更快、成本更低。具体来说，施工组织设计包括施工现场平面布置设计、施工方案设计、施工进度计划设计等。

(四) HSE 管理

HSE 是指 healthy，safety，environment。HSE 管理不仅要使工程项目各参与方（管理者、施工人员等）满意，还要促进人与自然的和谐统一。现阶段，总承包商进行施工管理的目标已经加入有效进行 HSE 管理这一规定。

(五) 施工人员素质

施工人员素质直接决定整个工程质量、进度、成本的实现。施工人员素质除了容易考察的项目经验、施工技术等"硬"指标外，更要包括有无合作精神、责任感等"软"指标。

第八章

EPC工程总承包绿色施工风险数据模型处理

关于EPC风险管理，研究者们有不同的见解，通过进行文献查阅及调研得出以下结果：郑金浩等[30]建立了EPC工程施工风险评价体系，运用头脑风暴进行指标选取，模糊层次分析法进行风险评估，并通过实例检验该评价体系实用性。罗振中[29]是从EPC设计、采购、施工三个阶段进行研究，融入并行工程思想，设计了EPC项目管理模式。国内对于采用EPC模式的项目风险研究还不成熟，过往的研究鲜少有站在承包商的角度，应用粗糙集进行客观权重计算也未被应用于EPC总承包商风险管理中。为对EPC工程总承包项目绿色施工风险因素分析，本课题应用层次分析法和改进的Vague群决策的方法来进行定量分析。

第一节 层次分析法

层次分析法是美国学者托马斯·萨蒂博士于1977年提出的，是将复杂问题或者系统分解为目标层、准则层及指标层等几个简明有效的层次，然后将每个层次的各因素两两对比分析确定权重，从而做出决策的一种方法。应用 AHP 分析决策问题时，先将问题条理化、层次化，构造出一个有层次的结构模型。

本课题对 EPC 模式下绿色施工风险因素的分析运用了层次分析法，其中，目标层为项目风险，准则层为生态环境风险、资源消耗风险、能源消耗风险、技术组织管理风险、其他风险；生态环境风险的方案层为水污染、空气污染、噪声辐射粉尘污染、建筑垃圾处理、有毒物质排放、生态破坏、地下资源的破坏；资源消耗风险的方案层包括材料浪费、绿色建材的使用、用水风险、土地使用不合理；能源消耗风险的方案层包括能源的浪费、清洁能源利用低、再生能源利用低、能源使用未优化；技术组织管理风险方案层包括绿色技术的应用、绿色管理文化、绿色管理规划、对员工的关注、合同风险；其他风险包括绿色施工成本、相关成本上升、项目安全目标。

采用 AHP 计算指标权重是基于咨询相关领域的专家得到的第一手数据，按照建立的层次结构以及同一层次指标之间的相对重要程度进行统计分析，对得到的结果进行反复反馈，直到得到专家的一致意见。

一、构造判断矩阵

在构建施工安全风险评价指标体系递阶层次结构模型的基础上，构造风险判断矩阵 *B*。以某一层次的某个指标作为判断标准，以九级标度为尺度，衡量该指标下一层次各个指标两两之间的相对重要程度，构造判断矩阵，用数值的方式表示出来。判断矩阵的基本形式如下：

$$\boldsymbol{B} = (b_{ij})_{n \times n} = \begin{bmatrix} B_{11} & B_{12} & \cdots & B_{1n} \\ B_{21} & B_{22} & \cdots & B_{2n} \\ \vdots & \vdots & & \vdots \\ B_{n1} & B_{n2} & \cdots & B_{nn} \end{bmatrix}$$

二、层次单排序

层次单排序是层次分析法比较关键的一个环节,核心在于计算判断矩阵的特征向量 $\boldsymbol{W}$ 和最大特征值 λ_{max},一般采用和积法或者方根法,本书拟采用和积法进行计算。针对判断矩阵 $\boldsymbol{B}$,若存在一个矩阵 $\boldsymbol{W}$ 和常数 λ,使得 $\boldsymbol{BW} = \lambda \boldsymbol{W}$,则我们称 $\boldsymbol{W}$ 为 $\boldsymbol{B}$ 的特征向量,λ 为特征值。当 λ 为 $\boldsymbol{B}$ 的最大特征值 λ_{max} 时,对应的特征向量为 $\boldsymbol{B}$ 的规范化特征向量,其分量值就是各个指标的权重,即各个指标的相对重要程度。首先,对判断矩阵 $\boldsymbol{B}$ 的每一列进行归一化处理,得到的矩阵 $\boldsymbol{B}$;然后,将矩阵 $\boldsymbol{B}$ 的每一行的元素按行相加,得到一个向量 $\boldsymbol{C}$;其次,将 $\boldsymbol{C}$ 进行归一化处理,得到向量 $\boldsymbol{C}$ 即为判断矩阵的特征向量,各分量对应的就是各个指标的权重;最后,计算最大特征值 λ_{max}。

三、一致性检验

判断矩阵的一致性检验主要通过计算判断矩阵的三个指标来衡量其一致性,包括一致性指标 CI、平均一致性指标 RI(表 8-1)和随机一致性指标 CR。当 CR≤0.1 时,我们认定判断矩阵具有满意的一致性,否则就需要对判断矩阵进行调整,直到判断矩阵具有满意的一致性方能进行下一步。

表 8-1 RI 值

指标数	1	2	3	4	5	6	7	8	9
RI	0	0	0.58	0.9	1.12	1.24	1.38	1.41	1.46

四、计算权重

证明数据合理之后，计算每个因素的综合权重，从而得到哪个因素对绿色施工带来的风险大。

EPC 工程总承包项目绿色施工风险因素评价的指标体系模型如图 8-1 所示。

判断矩阵表示针对上一层次某元素与本层次相关元素之间相对重要性的比较。请专家对每项指标给出判断打分，通过对专家评分结果的两两比较，采用间接层次法分别对专家个人意见进行统计处理，确定指标权重。

下篇 EPC工程总承包绿色施工成本风险管控

绿色施工风险 C
- 生态环境风险 C_1
  - 水污染 C_{11}
  - 空气污染 C_{12}
  - 噪声、辐射、粉尘 C_{13}
  - 建筑垃圾处理 C_{14}
  - 有毒物质排放 C_{15}
  - 生态破坏 C_{16}
  - 地下资源的破坏 C_{17}
- 资源消耗风险 C_2
  - 材料浪费 C_{21}
  - 绿色建材的使用 C_{22}
  - 用水风险 C_{23}
  - 土地使用不合理 C_{24}
- 能源消耗风险 C_3
  - 能源的浪费 C_{31}
  - 清洁能源利用低 C_{32}
  - 再生能源利用低 C_{33}
  - 能源使用未优化 C_{34}
- 技术组织管理风险 C_4
  - 绿色技术的应用 C_{41}
  - 绿色管理文化 C_{42}
  - 绿色管理规划 C_{43}
  - 对员工的关注 C_{44}
  - 合同风险 C_{45}
- 其他风险 C_5
  - 绿色施工成本 C_{51}
  - 相关成本上升 C_{52}
  - 项目安全目标 C_{53}

图 8-1 EPC 工程总承包项目绿色施工风险因素评价的指标体系模型

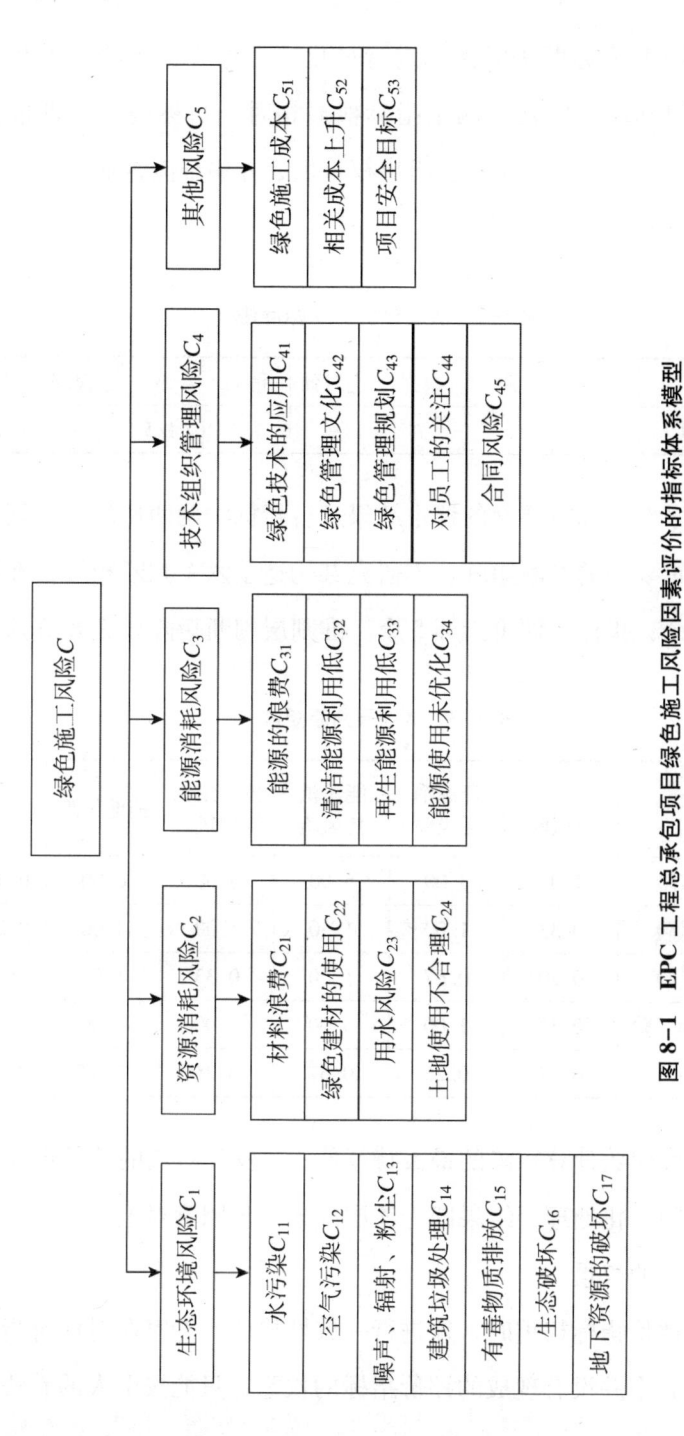

159

本书采用1-9标度法对指标进行量化，由相关领域的专家和技术人员对同一目标层下的任意两个指标根据相对于目标的重要性进行比较，然后打分，构建判断矩阵，求出权重值，并验证能否通过一致性检验。如表8-2所示。

表8-2　层次分析1-9标度法

C_i 比 C_j	相同	稍强	强	很强	绝对强	稍弱	弱	很弱	绝对弱
a_{in}	1	3	5	7	9	1/3	1/5	1/7	1/9

根据专家对指标重要度的评定结果进行指标的两两比较，分别构造各指标相对重要性的判断矩阵。本研究共构造了六个判断矩阵，准则层评价指标1个，指标层评价指标5个。准则层判断矩阵如表8-3所示。

表8-3　准则层判断矩阵

	生态环境风险	资源消耗风险	能源消耗风险	技术组织管理风险	其他风险	W_i
生态环境风险	1.00	3.00	5.00	3.00	6.00	0.4727
资源消耗风险	0.33	1.00	1.50	1.00	4.00	0.2034
能源消耗风险	0.20	0.67	1.00	0.33	1.50	0.177
技术组织管理风险	0.33	1.00	3.00	1.00	4.00	0.0898
其他风险	0.17	0.25	0.67	0.25	1.00	0.0571

利用线性代数计算矩阵的最大特征值 λ_{max} 及其对应的特征向量，将特征向量作归一化处理，结果即为该层次各评价因素对上一层次某因素影响程度大小的权重。

在确定评价指标权重时，须进行一致性检验。专家在对评价指标进行评分时，心中并没有现成的评价指标的权重，只能按个人的看法和直

160

觉打分,评分的高低不一定准确。为防止在多因素综合比较时会产生重要性强弱不一致的结果,通过一致性检验来剔除不合理的评定。一致性检验方法主要通过计算一致性指数 CI 和平均随机一致性指标 RI 进行比较计算一致性比率 CR 进行检验。如果 CR<0.1,表示数据合理,否则表明特征值 λ_{max} 与 n 差别太大,权重不一致。

本次试验在计算过程中,经过计算结果的一致性检验,经计算,生态环境风险因素的一致性比率为 0.007 2,资源消耗风险因素的一致性比率为 0.013 6,能源消耗风险因素的一致性比率为 0.000 0,技术组织管理风险因素的一致性比率为 0.020 4,其他风险因素的一致性比率为 0.000 2,一致性比率均小于 0.1,即专家一致性较好,均为有效值,表 8-4 即为影响因素的综合权重。

表 8-4 绿色施工风险影响因素的综合权重

准则层	指标层	W_i
生态环境风险	水污染、空气污染	0.135 1
	噪声、辐射、粉尘	0.131 6
	建筑垃圾处理	0.021 2
	有毒物质排放	0.021 5
	生态破坏	0.075 3
	地下资源破坏	0.036 1
资源消耗风险	材料浪费	0.096 8
	绿色建材的使用	0.054 4
	用水风险	0.014 9
	土地利用不合理	0.037 4
能源消耗风险	能源的浪费	0.025 3
	清洁能源利用低	0.075 3
	再生能源利用	0.038 0
	能源使用未优化	0.038 0

续表

准则层	指标层	W_i
技术组织风险	绿色技术的应用	0.042 6
	绿色管理文化	0.010 1
	绿色管理规划	0.014 2
	对员工的关注	0.009 7
	合同风险	0.013 1
其他风险	绿色施工成本	0.039 4
	相关服务价格上升	0.008 0
	项目安全目标	0.009 7

通过建立层次分析模型可以发现影响绿色施工风险的主要因素为生态环境风险、资源消耗风险等，对此给出以下建议。

在生态环境风险方面，根据计算情况可得，水污染所占的权重最多，为了很好地降低生态环境这方面的风险，可减少水资源的污染，运用住建部提出的十项新技术的水资源二次利用以及净化水技术来减少水资源的浪费与污染。其次便是空气污染，为了减少这方面的污染，可以做到以下几点。

①施工现场垃圾渣土要及时清理出现场。

②高大建筑物清理施工垃圾时，要使用封闭式的容器或者采取其他措施处理高空废弃物，严禁凌空随意抛。

③施工现场道路应指定专人定期洒水清扫，形成制度，防止道路扬尘。

④对于细颗粒散体材料（如水泥、粉煤灰、白灰等）的运输、储存要注意遮盖、密封，防止和减少扬尘。

⑤车辆开出工地要做到不带泥沙，基本做到不洒土、不扬尘，减少对周围环境污染。

⑥机动车都要安装减少尾气排放的装置，确保符合国家标准。

⑦拆除旧建筑物时，应适当洒水，防止扬尘。

在资源消耗方面，材料浪费的综合权重最高，为了降低资源所带来的风险，必须降低材料的浪费，提高材料的使用效率，可做到如下几点。

（1）加强材料的核算和管理

在预算过程中，如果不能准确地核算和管理，就会造成资金的运用效率大大降低，还会加大财管部门的工作量，使得记录出现偏差，导致财管信息错误和失真。材料的预算过多会导致材料的积压，这样不仅会占用大量的资金，还会导致材料的损失或者损耗，影响材料的再次使用。因此要想控制建筑材料的浪费，就需要加强材料的核算和管理，在工程开始之前做好充足的准备，这样对于建筑施工或者建设单位而言都大有裨益，具有经济价值以及现实意义。

（2）加强采购品种的区分和管理

材料的浪费除了表现在施工过程中，还会出现在采购以及管理过程中。建筑材料品种多样，并且产地也会不同，在采购之前，不同的部门做出的核算也会有差异。针对这些问题，就需要在采购中能够进行灵活的变通，材料成本按照实际采购价格进行记录，历年的成本只作参考。对于建筑行业而言，建筑材料的价格一般都会在建设管理部门进行公布，因此，在相关人员进行采购之前可以根据"购物材料信息价"的指导进行采购，从控制成本开始减少材料的浪费。

（3）经济批量选择与管理

建筑工程的建设耗资巨大，历时漫长，在这样的情况下，如果在工程建设的过程中可以随时采购所需的材料，就不需要进行材料的存储，这样也可以从一定程度上避免材料的损耗，减少浪费。随时地购入材料可以保证资金的流通，降低建筑工程的成本。但是在实际操作中，很难做到这一点，材料购入以后需要通过有关部门进行质检，质检合格以后才能投入使用。除此之外，即时进行购买可能会出现供货不足的情况，就算供货充足，也可能因为交通运输不便利而影响工程的建设，因此，在建设过程中需要充分考虑各方面的因素，尽可能地减少不必要的损耗，保证工程的顺利实施。

材料的采购与管理需要处理好采购量与实际需要的关系，在建筑工程的施工过程中，可以分批次进行提前采购，这样既能够减少材料的损耗，还能避免供货不足的情况。

总之，对于建筑工程的实施而言，如果没有精准的测算，就会导致施工过程中材料被滥用和误用，错误使用材料或者浪费对工程的经费而言是极大的损失。因此，建筑工程在实施前和实施过程中都需要制订严密的材料计划，在施工前进行资金预算与材料准备，合理控制每一部分的支出；在实施过程中将材料的使用量控制在合理的范围内，保证材料达到最高的利用率，将损耗降低到最小，保证工程的高质量完工。

第二节　Vague 群决策方法

一、Vague 集概念

设 U 是非空集合，它的元素用 x 表示，U 上的一个 Vague 集 A 是指 U 上的一对隶属函数 t_A 和 f_A，即 $t_A: U \rightarrow [0, 1]$，$f_A: U \rightarrow [0, 1]$ 满足 $0 \leq t_A(x) + f_A(x) \leq 1$，其中，$t_A(x)$ 称为 Vague 集 A 的真隶属函数；$f_A(x)$ 称为 Vague 集 A 的假隶属函数；$\pi A(x) = 1 - t_A(x) -$

$f_A(x)$ 为 x 相对于 A 的犹豫度，$\pi_A(x)$ 值越大，x 相对于 A 的未知信息越多。称闭区间 $[t_A(x), 1-f_A(x)]$ 为 Vague 集 A 在点 x 的 Vague 值，即 Vague 集 A 可以简记为 $[t_A(x), 1-f_A(x)]$。Vague 集属于模糊集，可同时表达决策者对某一事物支持、反对和弃权三方面的信息，用 Vague 值表示的九级语言变量如表 8-5 所示。

表 8-5 用 Vague 值表示的九级语言变量

等级	典型 Vague 值	典型值弃权情况
绝对高（AH）	[1, 1]	0
很高（VH）	[0.85, 0.9]	0.05
高（H）	[0.7, 0.8]	0.1
较高（FH）	[0.6, 0.75]	0.15
中等（M）	[0.5, 0.5]	0
中低（FL）	[0.25, 0.4]	0.15
低（L）	[0.2, 0.3]	0.1
较低（VL）	[0.1, 0.15]	0.05
绝对低（AL）	[0, 0]	0

如果 Vague 值 $x = [t_x, f_x]$，Vague 值计分函数为

$$S = t_x + t_x(1 - t_x - f_x)$$

分值的大小可以表示排序的结果。

二、Vague 值的基本运算

设 Vague 值 $x = [t_x, 1-f_x]$，$y = [t_y, 1-f_y]$，则 Vague 值的运算为

$$x \oplus y = [t_x+t_y-t_xt_y,\ 1-f_xf_y],\ x \oplus y = [t_xt_y,\ 1-f_x-f_y+f_xf_y],\ kx$$
$$= [1-(1-t_x)^k,\ 1-(f_x)^k],\ k>0$$

三、改进 Vague 集群决策的风险评价模型

Vague 集群决策主要研究一级指标下用相似汇总法对专家意见集结,从而对方案进行决策。将这种方法扩展到多级指标下,考虑各级指标的关联性,根据二级指标权重和专家的权重对专家个体评价意见进行集结。

(一) 一级评价准则层指标 Vague 值的确定

专家给出二级指标的语言模糊变量,根据表 8-5 将其转化为 Vague 值 $V_{ij} = [t_{ij},\ 1-f_{ij}]$,利用层次分析法确定二级指标 c_{ij} 的权重 ω_{ij},JV_i^k 为第 k 个专家考虑权重 ω 的 C_i 合成加权 Vague 值。

$$JV_i^k = \sum_{j=1}^{m}(\omega_{ij} \otimes [t_{ij},\ 1-f_{ij}])$$

根据 JV_i^k 与典型 Vague 值的相似度量值,由最大相似原则,确定指标 C_i 的 Vague 值 V_i^k。

(二) 专家权重的确定

为避免群决策中权重确定的主观性,确定专家权重时既要考虑主观权重又要考虑客观权重,主观权重根据专家的知识、经验、能力等来确定,客观权重根据专家提供的判断矩阵的评价信息和专家评价矩阵的一致性获得。

设 $E = \{E_1,\ E_2,\ \cdots,\ E_m\}$ 为专家决策群体,根据专家对风险评

价的经验、知识与认识能力，确定各专家权值r_k，$k = 1, 2, \cdots, m$，则专家主观权重为

$$\xi_j = \frac{r_k}{\sum_{k=1}^{m} r_k}$$

设专家k、u对第i个指标（$i = 1, 2, \cdots, n$）的评价信息用和表示，V_i^k和V_i^u之间的相似度为

$$s(k, u) = 1 - \frac{1}{3n}\sum_{i=1}^{n}(|t_i^k - t_i^u| + |f_i^k - f_i^u| + |\pi_i^k - \pi_i^u|), k, u = 1, 2, \cdots, m$$

根据相似度得出专家群体评价值之间的相似度矩阵M为

$$M = \begin{bmatrix} 1 & s(1, 2) & \cdots & s(1, m) \\ \vdots & \vdots & s(k, u) & \vdots \\ s(m, 1) & \cdots & \cdots & 1 \end{bmatrix}_{m \times m}$$

由相似度矩阵M得出专家的平均一致度为

$$A(E_k) = \frac{1}{m-1}\sum_{\substack{u=1 \\ u \neq k}}^{m} s(k, u)$$

专家的客观权重为

$$\text{RAD}_k = \frac{A(E_k)}{\sum_{k=1}^{m} A(E_k)}$$

专家的综合权重为

$$\text{AC}_k = \beta\xi_k + (1-\beta) \cdot \text{RAD}_k$$

当$\beta = 0$时，综合权重由专家对指标的评价意见决定；当$\beta = 1$时，综合权重就是主观权重。一般两者都要考虑，这里取$\beta = 0.5$。

（三）专家群体评价意见的集结

根据专家的综合权重和各专家评定的指标C_i（$i = 1, 2, \cdots, n$）

的 Vague 值，计算专家群体对指标C_i的综合评价：

$$V_i = \sum_{k=1}^{m}(AC_k^- \otimes V_i^k)$$

（四）确定项目风险等级

根据公式计算各指标C_i得分，由得分高低对风险因素排序，归一化得分作为各指标C_i的权重ω_i（$i=1,2,\cdots,n$）。根据ω_i和专家群体的综合评估值V_i计算项目 Vague 值，由最大相似原则确定风险等级。

（五）实例分析

通过邀请 7 位相关专业专家组成决策群体，进行绿色施工风险评价。

1. 确定二级指标权重

对于指标（C_{11}，C_{12}，C_{13}，C_{14}，C_{15}，C_{16}，C_{17}），利用层次分析法，7 位专家（E_k）给出的综合判断矩阵 **R** 为

$$R = \begin{bmatrix} 1 & 6 & 7 & 8 & 2 & 4 & 3 \\ 1/6 & 1 & 2 & 4 & 1/7 & 1/2 & 1/4 \\ 1/7 & 1/2 & 1 & 2 & 1/6 & 1/3 & 1/5 \\ 1/8 & 1/4 & 1/2 & 1 & 1/7 & 1/5 & 1/6 \\ 1/2 & 7 & 6 & 7 & 1 & 4 & 2 \\ 1/4 & 2 & 3 & 5 & 1/4 & 1 & 1/2 \\ 1/3 & 4 & 5 & 6 & 1/2 & 2 & 1 \end{bmatrix}$$

相应权重ω_{1j} =（0.349 2，0.061 1，0.039 7，0.026 6，0.263 5，0.097 5，0.162 4），$j=1,2,\cdots,7$，CR=0.036 < 0.1。

2. 确定一级指标 Vague 值

从前文提到的7位专家中,再次选取3位专家,邀请其给出的二级指标语言变量,依据表得出各指标的 Vague 值,结果如表8-6所示。

表8-6 二级指标 Vague 值及权重

专家	C_{11}	C_{12}	C_{13}	C_{14}	C_{15}	C_{16}	C_{17}
E_1	[0.7, 0.8]	[0.7, 0.8]	[0.5, 0.5]	[0.7, 0.8]	[0.7, 0.8]	[0.6, 0.75]	[0.85, 0.9]
E_2	[0.85, 0.9]	[0.7, 0.8]	[0.7, 0.8]	[0.6, 0.75]	[0.85, 0.9]	[0.85, 0.9]	[0.85, 0.9]
E_3	[0.5, 0.5]	[0.2, 0.3]	[0.6, 0.75]	[0.5, 0.5]	[0.5, 0.5]	[0.7, 0.8]	[0.5, 0.5]
ω_{1j}	0.349 2	0.061 1	0.039 7	0.026 6	0.263 5	0.097 5	0.162 4

专家 E_i 对 C_i 的加权 Vague 值:

$JV_1^1 = 0.349\,2 \otimes [0.7, 0.8] \oplus 0.061\,1 \otimes [0.7, 0.8] \oplus 0.039\,7 \otimes [0.5, 0.5] \oplus 0.026\,6 \otimes [0.7, 0.8] \oplus 0.263\,5 \otimes [0.7, 0.8] \oplus 0.097\,5 \otimes [0.6, 0.75] \oplus 0.162\,4 \otimes [0.85, 0.9] = [0.718\,6, 0.810\,5]$。

JV_1^1 为和表中"高"等级相似度最大,根据最大相似原则,其对应的 Vague 值 [0.7, 0.8] 作为专家 E_1 对 C_1 的 Vague 值 V_1^1,(同理可求解出其他指标的 Vague 值)。

3. 计算专家权重

根据各专家已做过的风险评估案例和效果,专家 E_1,E_2,E_3 的权重 r_x 和主观权重 ξ_k 如表8-7所示。

由公式计算每两位专家对同一方案意见的相似度,可得出:
$s(1, 2) = 0.844\,4$,$s(1, 3) = 0.766\,7$,$s(2, 3) = 0.800\,0$。构造专家一致性矩阵 M 为

$$M = \begin{bmatrix} 1 & 0.844\,4 & 0.766\,7 \\ 0.844\,4 & 1 & 0.800\,0 \\ 0.766\,7 & 0.800\,0 & 1 \end{bmatrix}$$

表8-7　一级指标 Vague 值

专家	C_1	C_2	C_3	C_4	C_5	r_k	ξ_k
E_1	[0.7, 0.8]	[0.8, 0.9]	[0.6, 0.75]	[0.8, 0.9]	[0.5, 0.5]	0.9	0.375
E_2	[0.85, 0.9]	[0.7, 0.85]	[0.7, 0.8]	[0.9, 0.95]	[0.6, 0.75]	0.8	0.333
E_3	[0.5, 0.5]	[0.6, 0.75]	[0.75, 0.9]	[0.7, 0.85]	[0.7, 0.8]	0.8	0.292

根据公式计算各专家的平均一致度：$A(E_1) = 0.8056$，$A(E_2) = 0.8222$，$A(E_3) = 0.7834$。根据公式计算各专家的客观权重：$RAD_1 = 0.3341$，$RAD_2 = 0.3410$，$RAD_3 = 0.3249$。取 $\beta = 0.5$，由公式计算出专家综合权重：$AC_1 = 0.3546$，$AC_2 = 0.3370$，$AC_3 = 0.3085$。

4. 专家群体意见的集结

$V_1 = 0.3546 \otimes [0.7, 0.8] \oplus 0.3370 \otimes [0.85, 0.9] \oplus 0.3085 \otimes [0.5, 0.5] = [0.7220, 0.8527]$

$V_2 = [0.7161, 0.7437]$

$V_3 = [0.6860, 0.5741]$

$V_4 = [0.8206, 0.7141]$

$V_5 = [0.6038, 0.6405]$

5. 确定风险等级

根据公式计算得分：

$S(C_1) = 0.8164$，$S(C_2) = 0.7359$，$S(C_3) = 0.6092$，$S(C_4) = 0.7332$，$S(C_5) = 0.6260$。

将指标得分归一化得出指标权重：

$\omega = (0.2319, 0.2090, 0.1730, 0.2083, 0.1778)$

专家对项目风险的最终评价结果为

$V = 0.2319 \otimes [0.7220, 0.8527] \oplus 0.2090 \otimes [0.7161, 0.7437] \oplus 0.1730 \otimes [0.6860, 0.5741] \oplus 0.2083 \otimes [0.8206, 0.7141] \oplus 0.1778 \otimes [0.6038, 0.6405] = [0.7228, 0.7325]$。

根据最大相似原则和表 8-7 的语言变量可知，本项目风险等级属于高风险水平。由于生态环境风险因素 C_1 得分最高，则表明对该项目而言，生态环境风险是最为关键的风险因素，在绿色施工风险管理中应特别关注，着重采用措施控制该项风险，同时资源消耗风险 C_2 得分较高，对项目而言也是重要的风险管理对象。

第九章

EPC 工程总承包绿色施工风险管控及优化

第一节　EPC 工程总承包绿色施工过程中的风险防范

一、总承包商在 EPC 总承包绿色施工过程中的风险防范

（一）EPC 工程设计风险的应对策略

总承包商为了在施工过程中降低风险，应该加强与业主之间的交流，明确工程项目内容，并将责任确定到个人，以有效解决工程项目施工中存在的不合理问题。

积极加强施工与试运工作的总结，相关的施工人员以及试运人员应该针对图纸内容提出审计方案，以保证各项工程施工的合理性，遵循"四节一环保"的宗旨。

EPC 工程管理中，为了提升总承包商施工的有效性，应该提高对图纸审计工作的认识，通过对图纸技术可行性、施工可行性及工程造价项目的分析，确定经济性的审计方案，以实现建筑工程风险控制的有

效性。

EPC 工程总承包商需要明确合同的范围，通过合同资源的明确划分，确定各个主体的职能。而且也应该针对业主造价设计的基本方案，提出针对性的处理措施，避免计划变更对 EPC 工程总承包项目的成本造成损失，避免成本增加现象的发生。

在 EPC 工程总承包项目设计中，总承包商应该针对建筑施工的特点，明确限额设计的要求，对采用合理性施工方案的人员，需要给予一定的奖励，以满足复合型施工人才的培养需求，提高 EPC 工程总承包项目中施工人员的专业素养。

（二）EPC 工程总承包项目的现场管理

EPC 工程总承包项目施工中，总承包商为了保证建筑施工的经济性与环保性，节约建筑施工成本，应该将施工现场管理工作的构建作为重点，由于现场管理是 EPC 工程中较为重要的组成部分，通过项目的设计、项目的建设等，进行现场施工管理方案的确定，以实现 EPC 工程总承包项目实体建设的价值。通常状况下，在 EPC 工程总承包项目的现场施工风险控制中，应该做到以下内容。

总承包商需要将分包工作承包给具有一定资质以及施工能力的承包单位，通过现场总承包工作的分析，确定承包管理理念，展现总承包商管理工作的价值，为建筑企业的项目管理提供参考。

总承包方在进行现场分包管理的过程中，应该将项目质量控制、成本控制及安全管理等作为重点，结合这些项目内容，进行现场施工方案的完善，并按照分包合同进行管理制度的完善，以实现项目管理的科学性，实现总承包商 EPC 工程总承包项目风险控制的有效性。

（三）构建EPC工程结算的风险控制机制

结合建筑行业的运行及发展状况，在EPC工程总承包项目设定中，应该将风险控制策略作为核心，一般情况下，在工程结算风险控制中应该做到以下内容。

结算工程执行中，应该按照合同的内容进行各项工程结算方案的确定，以实现资料收集以及资料处理的有效性。

在工程项目结算中，应该将资料的收集以及资料的整理作为重点，建立完善的跟踪机制，以实现工程结算风险控制的有效性。

总承包方应该针对建筑工程的施工特点，进行分包项目的审查，确定结算项目实施内容，并通过对专业分包单位、分包工作的考察等，明确具体的施工操作方案，将项目管理作为核心，将分包施工的现场施工风险降到最低状态。

二、业主在EPC总承包绿色施工过程中的风险防范

（一）明确合同约定内容，按照约定严格履行合同

EPC工程的相关总承包模式目前在我国还不能算得上是一个比较成熟的工程总承包模式，所以在签订合同之前，应该让具备项目经验的一些专业律师把关合同条款的相关内容，律师同时也需要在整个过程的实施中提供一些合同方面的咨询。EPC工程相关总承包的模式的主要优点在于，能够将合同里约定的承包范围作为基础，依照双方都能够接受和确认的初步设计概算以及初步设计统一一次性承包，关于总承包商盈亏都需要自行负责，也就是一次性给了承包价。所以在制定合同的过

程中，应该约定清楚工程价款的性质是一次性的，尽量避免在工程项目结束之后，因为工程量的增加等一些其他原因导致承包方要求业主需要增加工程的款项。此外，如果因为合同变更而致使工程项目的工期、合同约定的价款，以及双方约定的责任范围所造成的影响也应尽量在合同生效前规避清楚。在整个工程项目建设的过程当中，业主应该按照合同内容去履行自己的义务，比如及时给承包商提供资金、保障水电等，还得按照合同约定定期交付资金和检查确认。当然也需要自觉避免因为自身的问题而造成合同约定的工期、金额上的增加，尽可能确保工程项目按照合同的约定履行完成交付。要高度重视合同文件中的隐含条款，即这些条款可能是从明文条款中合理、明确地引申出来的，也可能是其隐含之义是有利于合同实施的，这些隐含条款一般都是涉及双方重大利益的内容的。

（二）要求承包商通过银行向业主方出具保函

EPC 工程总承包模式下工程项目从设计、采购到施工都由总承包商控制，业主的控制被极大减弱，为了保证业主的利益，承包商应当向业主方提供保函，以保证其在违反投标规则、设计、采购、施工等合同义务时，业主方能够获得有利、便捷的索赔权。工程承包项目合同中，保函一般有三种：投标保函、预付款保函和履约保函。合同中还应明确规定业主获取保函项下款项的条件为无条件，即银行应见索即付。

（三）实施 EPC 项目风险管控

为了更好地实施 EPC 项目的相关内容，应当成立 EPC 项目的风险管控领导项目小组，领导小组下设办公室，相关部门专业人员组成矩阵式管理机构。成立相关的机构组织，配备合适的相关人员，编制出相关风险的管理条例，提前识别出项目可能存在的风险，给项目的相关风险提供保障和评估，制定相关可以管控的实施计划，提出可以进行风险管控的相关活动。统一管理实施合同和保存，妥善保管 EPC 工程全部资料，包括合同、技术材料、往来函件；负责监督控制合同履行进度；规范合同变更管理；处理好纠纷等。

第二节　EPC 工程总承包绿色施工的风险管控措施

对于在绿色施工中不同的风险因素，其风险特性不尽相同，对应的预防措施也不相同。因此，在采取绿色风险防范措施前，有必要根据不同风险因素特性采取相应的预防措施，对绿色风险进行有效的管理。一般来说，常见的风险管控及预防措施包括如下几个方面。

一、环境保护措施

在工程项目施工期间，对噪声与振动、扬尘、水污染、废水、废气和固体废弃物进行全面控制，尽量减少这些污染排放所造成的影响。例如，在施工过程中可以采取降噪措施把噪声污染减少到最小程度，合理安排施工噪声较大的工序，同时加强对现场噪声的监控；对出入施工现场的土方、垃圾及建筑材料的运输车辆进行严密封闭，并及时清洗；开工前完成工地排水和废水处理设施的建设，施工废水、生活污水经过预处理后，达到相应的排放标准后排放；施工现场设置固定的废弃物存放区域，及时清运、处置施工过程中所产生的废弃物，同时对固体废弃物进行充分的回收和再利用。

（一）噪声控制

噪声污染作为一种非视觉化的污染形式，扰乱人们的生活，高强噪声所引发的振动甚至会对周围建筑结构带来破坏作用。必须加大噪声管理，积极控制噪声，这也是绿色施工技术应用的根本任务之一。首先，噪声施工要避开周围居民休息时间段；其次，尽量优选噪声小、振动小的施工机械设备，同时选择隔声、隔震等技术措施，在施工场地设置封闭式机棚，作为专门噪声工具施工空间，达到与外界隔绝的效果。最后，专门围绕噪声大小进行监测，确保其处于国家规定的安全标准。防尘噪声棚如图 9-1 所示，防尘隔音如图 9-2 所示。

图 9-1　防尘噪声棚

图9-2 防尘隔音板

(二) 水污染控制

建筑工程施工水体污染源具体涵盖施工建设过程产生的废水与生活污水，对此需要施工区域内应设置污染处理专区，例如：预先设置化粪池、沉淀池等，确保污水、废水等经过处理后尽量能够被循环利用，从而节约水资源。水污染处理区如图9-3所示。

图9-3 水污染处理区

（三）空气污染控制

建筑工程施工过程中必然会出现扬尘、飞尘等，其中固体悬浮颗粒充斥大气中，会引发严重的空气污染，对此应该进行绿色处理，施工所在的出口需要增设洗车槽，从而减少对周围道路的污染与侵蚀，遇到关键施工环节，例如：土方挖掘施工等，应该采取设置围栏、增设洒水车或高压喷雾等方法来控制扬尘污染。防尘污染如图9-4所示。

图9-4 防尘设备

二、资源节约措施

图纸会审时，应审核节材与材料资源利用的相关内容，根据施工进度、材料周转使用时间、库存情况等制定材料的采购和使用计划，并合理安排材料的采购；现场材料应堆放有序，布置合理，储存环境适宜；应充分利用当地材料资源，以减少材料远距离运输，并且在选择建筑材料时，在满足设计要求的前提下优先选用绿色建材；施工现场宜建立雨水、中水或其他可利用水资源的收集利用系统，使水资源得到循环利用，雨水回收利用池如图9-5所示；施工中应采用先进的节水施工工艺；现场搅拌用水、养护用水应采取有效的节水措施，严禁无措施浇水养护混凝土。

图9-5 雨水回收利用池

科学地选择节能、环保、高效的施工机械和机具，并合理安排施工顺序及施工区域；制定科学合理的施工能耗指标，明确节能措施，提高施工能源利用率，并及时做好机械设备维修保养工作；在有条件的施工场地，应充分考虑利用太阳能、地热、风能等可再生资源。

（一）合理使用原材料

原材料对于建筑工程施工非常重要，其支出也成为建筑工程施工成本预算的一大组成部分。对此需要预先制定出较为精细、合理的原材料预算方案，并加大采购管理与监督，实行计划采购战略，按照不同施工阶段的材料、物资需求量与需求类型进行分批次的计划采购，从而防止材料剩余造成的资源浪费，保证施工进度和周期，从而确保材料在有效期内被充分使用。

（二）高效利用水资源

注重施工现场节水管理，并实行雨水、污水、废水分流排放制度，采用计量管理制度来强化水资源使用情况的监督。施工材料搅拌、调配过程中，要本着节水的原则使用水资源，减少水资源的无故浪费现象。在施工现场创建水资源回收、再利用系统，充分利用雨水资源，并对可回收再利用的废水资源进行充分的再利用。

（三）有效利用电能资源

实行用电指标管理制度，从现场施工、办公、设备用电、施工人员用电都严格依照相关指标进行监测管理。提倡选择节能环保型照明设备、施工机械等，尽量延长白天作业时间，充分利用自然光源，通过科学的安排施工程序，确保高效施工，缩短施工进程，从而达到节能环保的目标。

三、综合管理措施

建立完善的建设项目施工绿色风险管理组织体系，明确项目经理及各职能部门负责人对绿色风险管理工作的权限和职责；加强对绿色施工理念的宣传，增强职工绿色施工意识；根据施工组织设计要求，编制详细的绿色施工方案，明确"四节一环保"的具体措施。

充分节省施工用地与空间，要想达到绿色施工的效果，就必须尽量减少对空间和施工用地的使用，必须对工程所在地附近的设施、管线、设备等的分布情况进行细致的了解,在此基础上来规划施工空间、规划施工占地,维护施工地域附近设施与资源的安全。在保证健康施工、安全施工、环保施工的基础上来规划施工面积,要确保施工平面场地紧凑布局,控制废弃物的出现,运输通道布置要灵活得当,不能过多地占地、占用空间,可以尝试设置环形通道,以此控制施工占地空间。

四、技术创新措施

建立绿色施工培训制度,对具体的施工工艺技术进行研究创新,采用新技术、新工艺、新材料,从源头上杜绝绿色风险发生。

(一)合理运用绿色建筑结构材料

过去建筑工程中所涉及的结构材料主要以木材、石材、钢材和混凝土为主。随着节能环保理念的深入,这些结构材料正在被竹子所代替,并且竹子具有良好的应用前景。与传统的结构材料相比,竹子作为建筑结构材料,不仅具有硬度大、材质坚韧等优点,而且还具有较好的循环型。此外,与树木相比,竹子的生长期要短得多。因此,以竹子为结构材料在当前建筑工程中已经十分常见。除了竹子之外,建筑工程中常用的结构材料还有黏土砖,这类材料的优点是低能耗、材料性能好。但是,由于这种材料的获取需要以破坏良田为代价,所以正在逐步被建筑行业淘汰。目前工业废渣组成的新型材料可以取代黏土砖在建筑领域的地位,这种新型材料与黏土砖相比,不仅容易获取,而且对环境保护也具有重要意义。

（二）合理运用绿色建筑功能材料

建筑工程中的功能材料所包含的内容并不只是材料本身应具备的功能，例如防水、防渗、保温、装饰等，而且还应包括新型材料的各项功能，比如说，纳米材料、智能材料和超导材料等。伴随着我国科学技术的飞速发展，这些新型材料在建筑行业中的应用也越来越广泛，并且具有良好的应用前景。以纳米技术为例，目前为了更好地促进建筑行业的可持续发展，一些相关部门开始尝试将纳米技术应用到建筑工程中，并且取得了令人满意的成果。最具代表性的就是浙江省舟山明日纳米材料有限公司开发出纳米二氧化硅、纳米氧化锆、纳米氧化铝等建筑材料，并将其有效应用到建筑工程中，而且在工程建设中发挥了重要作用。由此可见，在未来的时间里，新型材料将代替传统建筑材料在我国建筑领域得到广泛应用，进而推动我国建筑行业朝着更好的方向发展。

第三节　EPC工程总承包风险优化措施

一、优化工程建设的环境

在工程施工的管理中，绿色管理帮助企业树立正确的生态建设目标，在提升工程质量的同时，创建更加绿色的发展工程，在施工中，使用的材料更加环保、应用到更多的环保技术等，实现生态保护的目标。绿色施工开展的过程中，应创建更优质的工作环境，从而提升施工人员的工作积极性，加快工程建设的进度，有利于缩短工期，降低对环境的破坏，减少风险的发生。

二、提升建筑管理水平

近些年我国工程项目数量在不断增多，建筑行业之间的竞争非常激烈，建筑单位在发展的过程中，要重视自身能力的提升，在工程中，获取到更多的效益，顺应时代发展的潮流，将可持续发展的观念落实到工程施工中，更好地解决建筑施工中环境污染等问题，提升综合管理方面的相关水平。绿色施工管理更加注重绿色、可持续发展，在实际应用的过程中通过提高建筑单位的施工管理水平，增强企业的整体实力来减少风险的发生。

三、完善绿色施工方案

绿色施工管理与施工方案之间有着密切的联系，在工程施工中，需要对施工方案进行完善，绿色施工与施工方案之间相辅相成，提升施工的安全度和质量。完善的施工方案能提升建筑材料的利用率，节省建筑成本，实现节能减耗的作用。在制定施工方案时，需要借鉴国内外先进的管理经验等，制定绿色施工方案，提升施工方案的合理性，落实绿色施工观念。在制定施工方案时，要根据建筑工程的施工进度以及项目特征等方面的内容，制定出详细的施工方案，在方案中，要对施工材料的消耗等进行严格规定，重视对废物的再次利用，提高对环境保护的重视。在方案制定完成之后，严格按照方案实施，管理人员也要对方案做出统筹规划，设计人员应针对施工中可能出现的问题做好对应的分析和评估，给出问题解决的方案，对污染问题进行优化，最大程度上降低不良因素对污染的影响。

四、做好施工污染管理控制

在施工中,存在各种污染出现的可能性,包含水污染、噪声污染、土壤污染等,这些污染的出现会增加施工的风险,对工作人员不利,所以在施工中就要做好污染管理控制。管理人员要创新管理方法,从污染控制的源头出发,做出对应的管理,可以采用围挡、淋水降尘等方法实现对污染的控制。在施工中,也要构建绿色施工管理框架,将绿色施工理念与实际施工进行结合,促进我国建筑行业的发展。在污染管理中,要注重自身创新能力的提升,增强企业的核心竞争力。绿色施工管理理念是对传统施工方式的改进,体现在具体施工中,与施工管理理念进行结合,更加重视绿色环保,确保绿色施工得到落实,为观念的推行创造条件。

五、提升资源的利用率

资源利用率在绿色施工中地位较高,提升资源的利用率能减少施工成本的支出,降低对周围环境的影响,保证施工现场的顺利进行。加大节能减排的力度,提升低碳环保观念的宣传力度,让施工人员从自身做起,重视现代施工技术和设备的使用,提升建筑施工的水平,提高资源的使用效率。在施工过程中,要重视应用先进施工技术,减少资源浪费量,增加物质产出。管理人员在施工现场要放置节能减排、绿色施工等标志牌,提升施工人员的环保意识,时刻对自身的行为进行约束。

六、加大施工管理的力度

在施工过程中,要成立绿色施工管理小组,对施工人员的工作进行约束,加强现场施工的管理力度,更好地落实绿色施工的观念,同时也要明确工作岗位的责任和责任制度,让监督管理小组发挥出自身的监督作用,对施工设备、技术等进行严格地管控,各个部门之间,也要进行良好地沟通。企业要定期聘请环保专家对项目工程进行检查,对施工人员进行培训,提升工作人员对绿色施工的认知,在培训完成之后,施工企业要将相关的内容加入生产制度中,提升治理措施和目标的统一和完善。建筑企业要加大对环保人才的培养,提升一线员工的安全意识,对施工人员的技能进行培训,提升专业素养,落实绿色施工理念,并对绿色施工管理人员的专业素养进行培养。

七、做好能源和资源的净化工作

在建筑施工中面临很多的问题,需要做好能源和资源的净化,减少资源的浪费,增强资源的利用率,避免能源闲置。同时,施工管理者需要对能源做好分配,制定出能源的使用计划,在施工的各个环节中,需要按照计划来执行,从根源上杜绝能源滥用问题的出现,实现污染最小化的目标。对施工的各个环节提出明确的要求,设置专门的监督岗位对资源净化问题进行监督,减少风险的出现。

八、优化施工工艺

在施工中,要对设备以及施工技术进行优化,提升工程建设的整体质量、安全性和稳定性,绿色工程管理理念的落实,与施工设备有很大的关系,所以建筑企业要提高对施工设备的重视,尽量选择耗能低的机器,同时还要注重环保,企业也要对施工设备做好定期的保养,延长机器设备的使用寿命,在设备上安装污染报警器以及降污装置,降低施工污染程度,从源头上降低污染,减少生态环境风险的出现。

九、提高民众绿色施工意识

进行广泛深入的教育、宣传,加强培训。目前,人们对绿色建筑的认识仍然不足,在项目建设的全过程中,对施工阶段的可持续发展更加缺乏重视。而对绿色施工意识的加强,离不开生态环保意识的加强。在基础教育中,应进一步提高公众的绿色环保意识;在继续教育中使工程建设各方正确全面理解绿色施工,充分认识绿色施工的重要性;强化建筑工人教育,提高建筑企业职工素质,对承包商进行有利于可持续行为方面的教育,并使其从中受益。

建立示范性绿色施工项目及施工企业。按照绿色施工原则建立示范性绿色施工项目和绿色施工推广应用示范单位,注重绿色施工经济性效果的比较,用活生生的例子展示在人们的面前,会起到显著的效果。

建立和完善绿色施工的民众参与制。民众参与制可以挖掘民众对绿色施工的积极性,促进绿色施工的发展,从而形成一个自下而上的绿色推动机制。在施工准备阶段,充分了解民众的要求,进行科学的施工组织设计，最大限度地减少对周围环境的影响，通过提高民众绿色施工的意识来降低绿色施工的风险。

十、加强绿色施工的政策引导

风险的降低不仅仅是依靠施工单位自身来实现的，同时也需要政府来发挥相应的作用，通过引导建设主管部门借鉴先进国家的成功实践，加紧制定有关促进绿色施工的法律法规，尽快建立健全的政策法规体系，依法要求施工企业和有关部门遵守绿色施工的有关规定。可采用财政税收等经济手段建立有效的激励制度，增强企业自主实施绿色施工的主动性、积极性。对建设项目施工过程进行绿色施工评估，对达到标准的施工企业降低税收比例，以补偿采取绿色施工措施增加的费用支出；对达不到标准的施工企业提高税收比例，增加其社会责任成本。另外，应建立一些有利于推进绿色施工的制度，鼓励业主将绿色施工准则纳入施工图纸和技术要求中，将环境等责任加入建设合同中，并在建造期间监督承包商加以遵守。可将一些文明施工管理办法完善为绿色施工管理办法，使其范围更广，内容更丰富，为绿色施工创造良好的运行环境，从而实现风险管控的目标。

第四节　应用建筑信息化模型技术助力绿色施工

近年来，我国对建筑信息模型技术进行大力研究和推广，随着政府的推动和建筑行业标杆企业的引领作用，越来越多的人认识到建筑信息模型技术已经成为工程建设行业变革的关键性技术，越来越多的建设单位、设计单位和施工单位加入建筑信息模型技术的应用和发展中来。十几年前谈建筑信息模型还只是一个概念,五年前建筑信息模型在一些重点项目上进行了推广应用,逐渐发展到今天,建筑信息模型已经在全国范围大面积地推广,多个城市通过已出台的政策和标准的引导,激活了市场,推动了市场,提升了应用能力。工程建设每个阶段,各项建设程序的相互协调,可以在保证进度的前提下最大限度地节约资源和成本。绿色、环保、低能耗、节约、可持续,这既是绿色施工的基本出发点也是最终归宿。

一、建筑信息模型技术(BIM)

建筑信息模型(BIM),是21世纪初出现的全新概念,是信息技术发展到一定阶段对建筑业产生影响的必然产物。即通过特定工具软件,将建筑内全部构件、系统赋予相互关联的参数信息,并直观地以三维可视化的形式进行设计、修改、分析,并形成可用作方案设计、建造施工、运营管理等建筑的全生命周期所参考的文件。

建筑信息模型技术使工程技术人员对各种建筑信息做出正确理解和高效应对,为设计单位以及包含建筑运营单位在内的各方建设主体提供协同工作的基础,在提高生产效率、节约成本和缩短工期方面发挥重要作用。BIM基于三维数字技术归集建筑工程项目中的各类相关数据,是一种通过数字化对工程项目的功能特性、建筑实体进行展示的形式;BIM是一个完善的信息模型,在建设项目各参与方需要时,能够提供可自动计算、查询、组合拆分的实时工程数据;BIM具有单一的工程数据源,可解决工程数据之间的一致性和全局共享问题,同时它还是一个可视化数据库,是项目实时的共享数据平台。BIM模型图如图9-6所示。

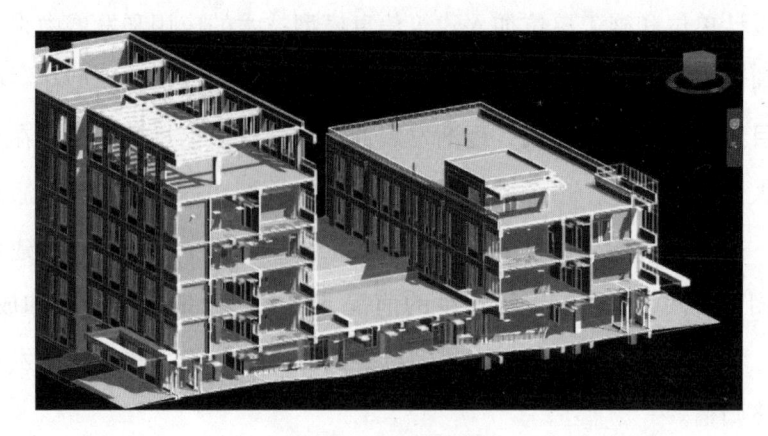

图 9-6　BIM 模型图

二、建筑信息模型技术核心

在中国经济进入新常态的大背景下，我国工程建设行业要走出一条可持续发展之路，就必须依靠于、专注于创新发展。作为实现行业创新发展的一项重要技术手段，持续不断地应用与推广 BIM 技术，将对整个行业产生深远的影响。

（一）建筑是 BIM 的基础

BIM 是以建筑物为研究载体的。一方面，BIM 信息依据建筑设计、施工、运营的规则而创建和存储。例如建筑专业的门窗墙、结构专业的梁板柱、机电专业的空调、水泵等。不同于以往二维图纸用图层、颜色、线型等抽象信息来表达，BIM 的信息都是具体的、可编辑的。

另一方面，BIM 的信息是与建筑物的构件或部件作为一个整体存放在一起的，当需要查找建筑物某一个部分的相关信息，只要找到建筑物，这一部分就能找到。例如需要获取某条梁、某根柱子的具体信息时，使用漫游功能，来到这个构件所在的位置点击查看即可。BIM 以三维、动态、实时的形式存在，给人形象、逼真的感受，仿佛置身于实际的建筑物中。

（二）信息是 BIM 的灵魂

当信息进入"建筑"和"模型"两者之间时，建筑模型似乎被赋予了新的生命，成了 BIM——建筑信息模型。由此看来，信息是 BIM 的灵魂。在项目的不同阶段，项目参与各方通过在 BIM 模型中插入、提取、更新或修改项目信息来实现协同作业。这些信息保存在 BIM 模型中，和过去以其他形式例如表格、图纸、文字等存储的信息相比，有非常大的差别，这个差别就是项目参与方在安全、质量、成本、进度可控的前提下，理解、掌握和使用这些信息的效率将大大提高。

（三）模型是 BIM 的结果

建筑信息模型（BIM）是一个在项目生命周期内涉及物理和功能特性的数字化表达生成和管理的过程。BIM 的结果是一个依靠建筑设计、施工、运营自身规律建立起来的建筑几何构造和存储建筑工程信息的模型。

BIM 的基本模型是一个三维的、可以动态变化的模型，在集成施工时间计划和造价信息后，每个时间段所需要的资金会根据需要施工的内容自动统计出来，从而变成更多维度的应用。

（四）效率是 BIM 的目标

据相关统计，信息不清晰是施工计划未能按时完成的原因之一。目前，由于储存和传输项目工程信息的载体还是以平面图纸为主，在理解项目和其他参与方工作内容的过程中，无法避免地存在以下两个问题：一是图纸和效果图之间缺少关联性，使得项目参与人员理解项目和其他参访工作的时间过长；二是依靠人的空间想象力想象各种不同专业之间随着时间变化而变化的空间关系，容易疏忽，难免出错。BIM 借助于模型检查和协调软件，使得"理解项目和其他参与方的工作"环节的效率大大提高。

BIM 技术在工程项目的实践应用并不是单靠某一个 BIM 软件或某一类型的 BIM 软件来实现的，而是需要 BIM 软件间互相集成和互相协同才能完成。BIM 软件类型如图 9-7 所示。

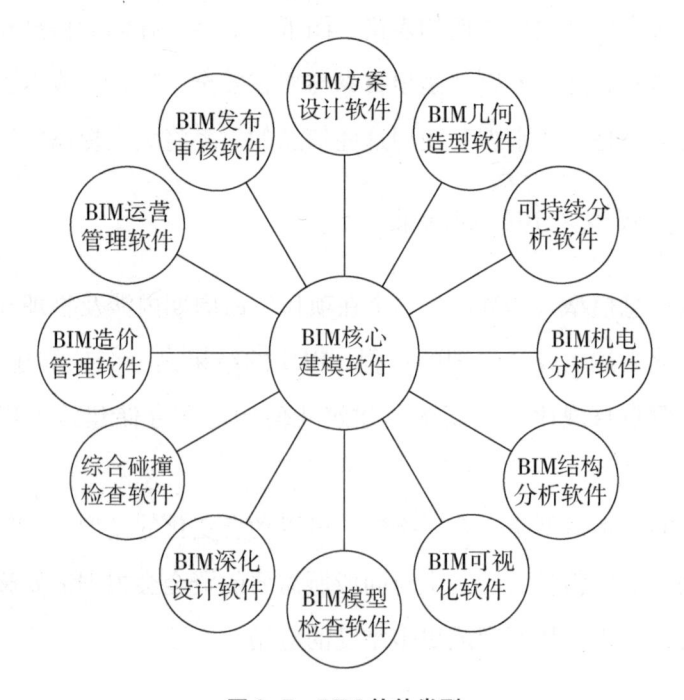

图 9-7　BIM 软件类型

BIM 软件中，最重要最基本的软件是"BIM 核心建模软件"，用于创建 BIM 基础模型，如表 9-1 所示。

表 9-1 BIM 核心建模软件

软件系统	软件特色	局限性	适用的项目
Auto CAD	最早具有市场影响力的 BIM 软件	与我国设计院多专业体制不配	单专业建筑事务所
Revit	参数化强，支持所有阶段的设计和施工图纸	符合我国标准的文件需要进一步拓展	民用建筑
Bentley	有一整套完整的解决方案	熟悉的人少，格式不流行	工业设计和基础设施
CATIA	全球顶级的机械设计制造软件	构建过程过长，限制思维	项目完全异形、预算比较充裕

三、BIM 技术在绿色施工中应用的优势

BIM 技术在施工过程中的运用是建筑工程施工领域一次重大的变革，它的优势主要表现在以下几个方面。

（一）可视化——所见即所得

可视化通过三维建模的方式展现建设项目整个生命周期的构造，是 BIM 最基本的特征，与传统的建筑信息管理与表达方式有较大区别。传统上的设计与施工主要基于二维图纸，设计人员采用 CAD 软件或手工制图的方式来表现建筑的几何信息，施工人员也同样基于细化的二维施工图纸来指导施工。而 BIM 的思想则突破了传统的思维模式，它展示在人们面前的，是一种三维立体的实物图形，将建筑实体的几何信息形象地表达出来，用于指导设计与辅助施工。三维立体的实物图形使项目在设计、施工、运营整个建设过程可视化，方便各参与方进行更好的沟

通、讨论与决策，可视化的表达方式极大地提高了各参与方对项目本身的认知能力，从而提高建筑项目各阶段的操作效率。BIM 给建筑工程带来的转变如图 9-8 所示。

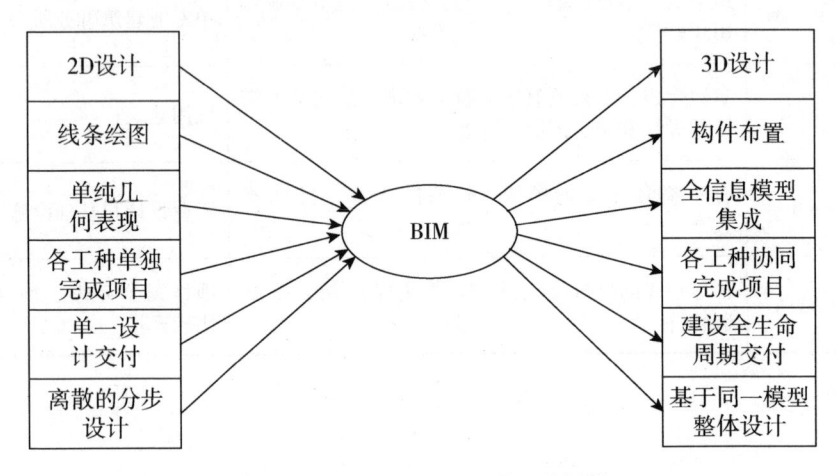

图 9-8　BIM 给建筑工程带来的转变

（二）集成化

信息高度集成是 BIM 的另一个基本特征。BIM 的实施不仅集成了建筑项目的空间几何信息，而且集成了与项目相关的生命周期内的其他信息，这就打破了传统上的信息孤岛形式。传统上，不同专业设计（建筑、结构与机电）之间的信息相互孤立，与项目相关的属性信息（如材料、数员等）也无法与专业设计信息进行整合。另外，项目不同阶段的信息相互孤立，上下游信息无法有效共享，如设计阶段的大量信息仅以设计图纸的形式传递给施工阶段，这种传递是非完全传递，且设计的可建造性无法得到有效评估。基于 BIM 的信息集成，一方面为各专业参与方提供了协作与沟通的平台，另一方面为建筑生命周期各阶段的信息共享与应用提供了保障。

（三）动态控制、优化管理

施工企业可利用建筑信息模型技术三维可视化的特点，对模型进行精益建设和精细化管理，在施工前期对设计方案进行碰撞检查并优化，能快速、准确、全面地检查出设计图纸中的错、漏、碰、缺问题，从而减少在施工过程中因设计错误而造成的返工和损失。不仅如此，运用模型检查软件还能提前发现和施工规范、消防规范等规相冲突的问题，减少返工的同时缩短了工期，保证了工程质量；同时通过快速准确地获得工程基础数据，对造价、采购、库存和财务等进行动态和精确管理，并制定精确的劳动力和材料计划，减少资源、物流和仓储环节的浪费。因此，利用建筑信息模型技术进行施工管理将有力支撑施工过程绿色化的发展。

（四）参数化

参数化是指 BIM 建模及信息集成的参数化，是信息可视化和集成化的基础。建筑信息涉及不同的专业，在设计信息变更中，如何保证信息的统一性与完整性至关重要。传统的基于二维图纸的信息表达方式无法满足这一需求，在设计变更时，设计人员不得不就某一变更涉及的所有设计图纸进行逐一修改，且工程量也需要重新计算，这难免产生设计错误或变更不统一，从而影响图纸的后期使用。BIM 的思想则是通过参数化建模实现信息的统一与完整。BIM 建模参数化不仅涉及建筑几何信息的参数化设置，而且包括与建筑相关的属性信息的参数化设置，如建筑构件修改时，会引起工程量清单的自动更新。

(五）优化性

"信息""复杂程度"和"时间"是制约优化效果的三个因素。建设工程项目从设计、施工直至运营的全过程，其实也是一个持续改进、不断优化的工程。BIM 包含了建筑物的物理特性、集合尺寸和构件规则信息，信息的准确性确保了合理的优化效果。BIM 应用于复杂项目的方案比选，通过同一个 BIM 模型把施工方案和成本、利润分析结合起来，计算不同方案对于关键要素变更、施工工艺方法变化的结果，选择更有利于项目的方案实施，可以显著地降低成本，缩短工期。BIM 在建筑生命周期各阶段的功能如图 9-9 所示。

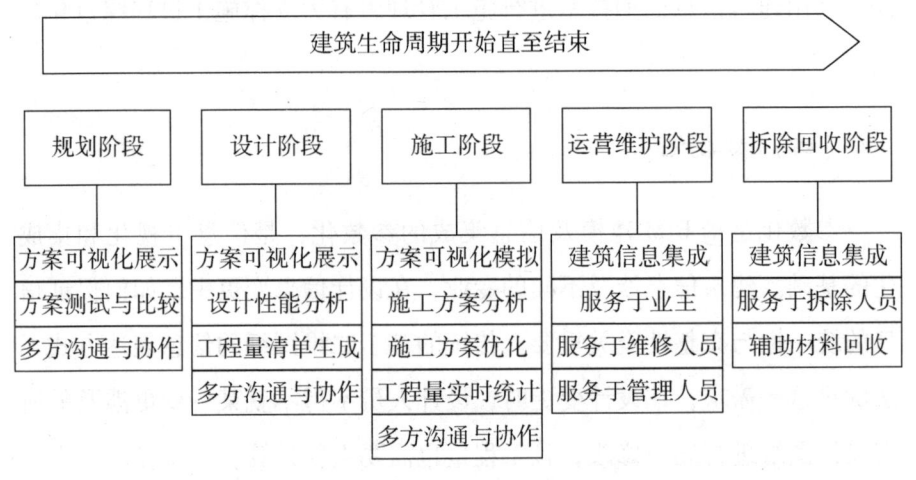

```
建筑生命周期开始直至结束 →

┌─规划阶段─┐    ┌─设计阶段─┐    ┌─施工阶段─┐    ┌─运营维护阶段─┐    ┌─拆除回收阶段─┐

方案可视化展示   方案可视化展示   方案可视化模拟   建筑信息集成       建筑信息集成
方案测试与比较   设计性能分析     施工方案分析     服务于业主         服务于拆除人员
多方沟通与协作   工程量清单生成   施工方案优化     服务于维修人员     辅助材料回收
                 多方沟通与协作   工程量实时统计   服务于管理人员
                                 多方沟通与协作
```

图 9-9　BIM 在建筑生命周期各阶段的功能

建筑信息模型作为一种信息沟通平台，是信息化技术在建筑业的直接应用的成果。实现建筑信息模型技术从设计阶段向施工阶段的应用延伸，是中国建筑行业十三五规划期间以及未来更长一段时间的战略定位。建筑信息模型技术已对绿色施工产生深远的影响，是推动建筑工业化发展的强大平台,未来必将成为建筑企业的核心竞争力。认识并发展建筑信息模型、推动绿色施工加速发展、实现行业的信息化转型已是势不可挡。

四、BIM 技术在绿色施工中应用的技术路线

BIM 应用常常被描述为"BIM 能做什么",但其实"BIM 应该做什么"与"如何去做"才是 BIM 应用的关键问题。

(一) 构建基于 BIM 技术的绿色施工信息化管理体系

基于 BIM 技术的绿色施工信息化管理体系包含了管理的目标、内容、方法及流程,以 BIM 为技术手段,结合绿色施工管理理念,从项目甲方的综合利益、社会与环境的需求、施工企业的经济效益等角度出发,识别绿色施工生产的价值,分析和优化绿色施工生产的实施环节,实现社会、环境、经济效益的统一。基于 BIM 技术的绿色施工信息化管理体系的构建过程如图 9-10 所示。

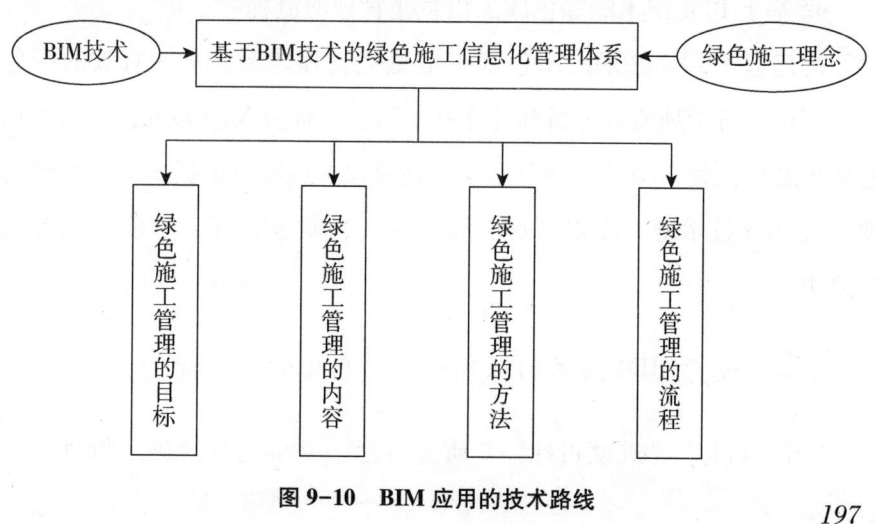

图 9-10 BIM 应用的技术路线

构建基于 BIM 技术的绿色施工信息化管理体系不仅要充分利用 BIM 技术的优势,最关键是要融入绿色施工理念,实现绿色施工管理的目标。基于 BIM 技术的绿色施工信息化管理体系主要包括以下四个要素。

1. 基于 BIM 技术的绿色施工信息化管理的目标

"BIM 能做什么"是建立基于 BIM 技术的绿色施工信息化管理目标的前提,结合绿色施工的要求主要达到以下几个方面的目标:节约成本、缩短工期、提高质量、四节一环保。

2. 基于 BIM 技术的绿色施工信息化管理的内容

"应该用 BIM 做什么"。首先应该确定基于 BIM 技术的绿色施工信息化管理的内容,从绿色施工管理的角度可以划分为事前策划、事中控制、事后评价三个部分。

3. 基于 BIM 技术的绿色施工信息化管理的方法

绿色施工是一种理念,是一种管理模式,它与 BIM 技术相结合的管理方法主要体现在 BIM 技术在节地、节材、节水、节地与环境保护方面的具体应用。

4. 基于 BIM 技术的绿色施工信息化管理的流程

构建基于 BIM 技术的绿色施工信息化管理体系,实施有效的绿色施工管理,对管理流程分析和建立必不可少。涉及其中的流程,除了从总体角度建立整个项目的绿色施工管理流程,还应该根据不同的管理需要,将 BIM 技术融入成本管理、质量管理、安全管理、进度管理等流程之中。

(二)基于 BIM 技术的绿色施工信息化管理目标

"成本目标""进度目标""质量目标"并称为传统施工管理中的

三大控制目标。传统施工管理过程中，往往不惜以大量消耗自然资源、牺牲环境为代价，换取这三大目标的实现。而绿色施工理念打破这一传统，重视工程项目施工对环境造成的影响，并采取各种手段和措施节约资源、能源，保护环境，将成本、进度、质量及环境保护共同设定为主要控制的目标，其中，四节一环保又被列为重中之重。绿色施工管理目标如图9-11所示。

绿色施工管理目标 { 节约成本——成本管理 / 缩短工期——进度管理 / 提高质量——质量管理 } 传统施工管理目标 / "四节一环保"

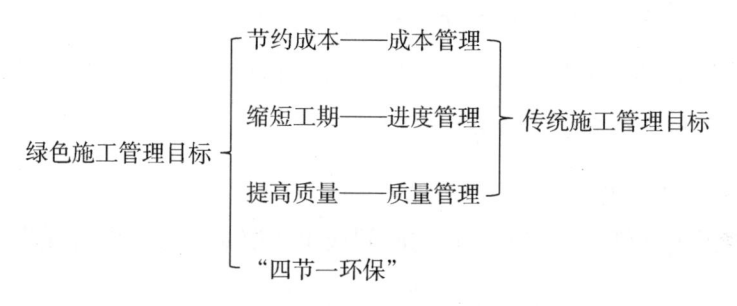

图9-11 绿色施工管理目标

把BIM技术融入绿色施工管理，B1M最终能为实现这些目标做出以下有益的几个方面。

1. 节约成本

成本控制不仅仅是在财务管理层面获取项目的最大化利润，还应该把单位建筑面积自然资源消耗量最小化作为最终目标。传统成本管理具有数据量大、涉及范围广、成本科目拆分难、消耗量和资金支付情况复杂等难点，运用BIM技术快速、准确、精细、分析能力强的优点，可以为实现成本的动态控制提供以下解决方案。

快速精确地算量。通过识别BIM模型中不同构件的物理特性（位置、尺寸、时间维度等），对各种类型的构件进行分类统计，汇总出实际数量及分布情况。这样的算量方法，大幅度简化了算量工作，减少人为因素造成的算量错误，能在确保控制误差在1%内的情况下，节约近

90%的工程量计算时间，大量节约了人力和时间。

预算工程量动态查询与统计。在BIM模型的基础上输入工程预算信息，形成具有资源和成本信息的预算信息模型，根据计划进度与实际进度，动态计算任意时间段内每日计划/实际工作量、计划/实际累积量，快速实现基本的两算对比。

以施工预算控制资源消耗。在开工伊始，建立BIM模型，计算工程量，编制整个项目的施工预算，要求生产班组按签收的施工任务单和限额领料单进行施工作业，并将实耗人工和材料记录作为结算的依据，完成实际与预算的对比，分析节超。

2. 缩短工期

施工进度管理决定了项目的时间成本，决定了总的财务成本，从合同约束、运营效率、企业竞争力等方面对项目整体管控起到关键性作用。运用BIM技术解决建筑设计缺陷、进度计划编制不合理、各参与方沟通不畅等施工进度管理过程中的常见问题，可以从以下两个方面着手。

用BIM技术进行施工进度模拟。将BIM模型进行材质赋予，与Project计划编制文件链接，制定构件建设完成路径顺序并链接时间参数，设置动画视点，输出三维模拟动画。这一系列步骤的完成，将BIM的时间、空间信息整合在4D（3D+时间）可视化模型中，反映项目的整个建设过程，同时还可以实时追踪项目进度状态。

运用BIM技术进行冲突分析及方案优化。碰撞检测基于施工现场BIM4D模型和碰撞检查规则，对构件与综合管线、设施设备与结构进行动态碰撞检测与分析。通过三维视图观察和读取碰撞检测报告，根据小管让大管、有压管让无压管等原则对管道进行平移或绕弯处理，对交叉重叠严重的薄弱部位进行调整。冲突分析和方案优化工作在具体部位实施前就已经完成，可以减少"遇到问题才想办法解决"所耗费的时间和精力。

3. 提高质量

"人、机、料、法、环"是施工质量管理中的主要内容。运用BIM技术进行施工质量管理也将围绕这五个方面内容展开。

三维可视化技术交底。利用BIM模型可视化进行技术交底，把复杂节点按真实的空间比例在BIM模型中表达出来，通过文件输出及视频编辑，还原真实的空间尺寸和提供360°的观察视角，让人清晰识别复杂节点的结构构造，借助动画漫游及虚拟建造功能，从不同视点、不同部位、不同工艺制作安装动画，直观、准确地表达设计图纸的意图。

运用BIM技术参与检查验收。由管理人员在施工现场采集施工部位的质量信息，录入进场材料设备的合格证、质保书、原厂检测报告等信息，形成质量管理的核心信息。接着，利用智能终端手持设备对照BIM模型在相同部位、相同节点进行自检，自检合格，有验收人员验收并在BIM模型中记录验收时间、验收内容、验收结果及处理意见等信息。通过对质量管理记录的监控及实时动态跟踪，构建现代化的质量管理体系。

4. 四节一环保

"四节一环保"是绿色施工区别与传统施工最重要的内容。"节"就是节约、节省，除了节约成本、节省工期，绿色施工理念还提出"节约自然资源、减少不可再生能源消耗"的要求。环境保护是更高层次的要求，除了少消耗，从源头上加以保护也是现代社会对建筑行业提出的新要求。

BIM技术本身在"节"方面就有许多优势，通过BIM的辅助，能比以往传统施工方法更快更优达成目标。在"环保"方面的应用，BIM

技术也毫不逊色。利用 BIM 技术在建筑施工阶段开展能耗分析，进行日照模拟、二氧化碳排放计算、扬尘计算等环境生态模拟，满足保护环境、充分而可持续利用资源的需求。

（三）基于 BIM 技术的绿色施工信息化管理内容

绿色施工管理以"四节一环保"为主要目标，在实现这个目标的过程中，将从事前策划、事中控制、事后评价三个方面内容来具体实施。

1. 事前策划

"策划先行"是绿色施工管理的重要特点之一。绿色施工是一个涵盖施工准备、施工运行、设备维修和竣工后施工场地生态复原等内容在内的系统而复杂的工程。实施绿色施工首先应进行总体方案优化。在规划、设计阶段就开始融入"绿色理念"，充分考虑绿色施工总体要求，为绿色施工提供良好的基础条件。凡事预则立，要想绿色施工过程有据可依，绿色施工方案是实现绿色施工最有力的管理文件。绿色施工需要从编制施工组织设计（方案）开始，对施工全过程都进行严格、有针对性地管控，从而促使节地、节能、节水、节材及环境保护等目标的顺利实现。

绿色施工策划的指导思想是以实现"四节一环保"为主要目标，以相关标准规范为依据，结合工程实际及工程特点，有针对性地制定绿色施工各个阶段的要求和措施，通过组织保障和技术手段，对绿色施工的实施进行有效指导，保证实施效果满足要求。绿色施工策划包括组织策划和方案策划两个方面。

绿色施工管理组织策划：以项目经理为第一责任人建立项目"绿色施工领导小组"，任命项目各部门人员为责任主体，由项目经理将绿色施工管理目标合理配解到各部门，再由部门落实具体人员负责实施。

绿色施工方案策划：提取施工组织设计中的绿色施工方案内容进行细化，提出数据化、标准化的要求，主要内容如下：

明确具体目标，并用数值表示，如各类型材料的消耗量/节约量对比、能源资源消耗量/节约量对比及施工现场扬尘高度、场界噪声值等。

说明绿色施工各阶段的控制要点。说明有针对性的绿色施工管理措施，该如何运用BIM技术辅助绿色施工，如BIM技术在节地与施工用地合理规划方面、在节水与水资源利用方面、在节材与物料优化方面、在节能与能源利用方面、在环境保护方面的应用。

2. 事中控制

在绿色施工方案确定之后，为达到所确定的目标，将对实施过程进行控制。

整体目标控制：把"四节一环保"目标进行分解，根据类似工程经验及规范标准制定实际操作中的目标值。目标的分解可以从粗到细划分为方案设计、技术措施、控制要点及现场施工过程等，对比这些目标之间的异同就是对实施过程进行动态控制的过程。

施工现场管理：建筑工程项目的环境污染、能源资源浪费等现象主要出现在施工现场，因此施工现场管理是绿色施工目标能否实现的关键。

首先，需要明确项目经理的主体责任，以项目经理为第一责任人落实绿色施工各项具体措施，同时明确现场人员之间、现场与外部关系之间的沟通渠道及方式。

其次，收集绿色施工个控制要点的数据，与目标值对比分析，当发现实际值偏离目标值时，应查找原因，制定措施，采取纠正行动，即使用PDCA循环对实施过程加以跟踪并持续改进。PDCA循环是一种能使任何一项活动有效进行的逻辑性很强的工作程序。

绿色施工中运用PDCA循环动态管理的内容如下。

计划（P，plan）。计划包括制定绿色施工的方针、目标及实施方案。

执行（D，do）。执行就是实现绿色施工方案中的具体内容。

检查（C，check）。检查就是要总结绿色施工方案的执行结果，分清对错、明确效果，查明问题及原因。

处理（A，action）。认可或否定检查的结果。肯定成功的经验，以模式化或者标准化适当推广；总结以往失败的经历，吸取教训，避免再犯。

绿色施工持续改进的基本阶段和步骤示意图如图9-12所示。

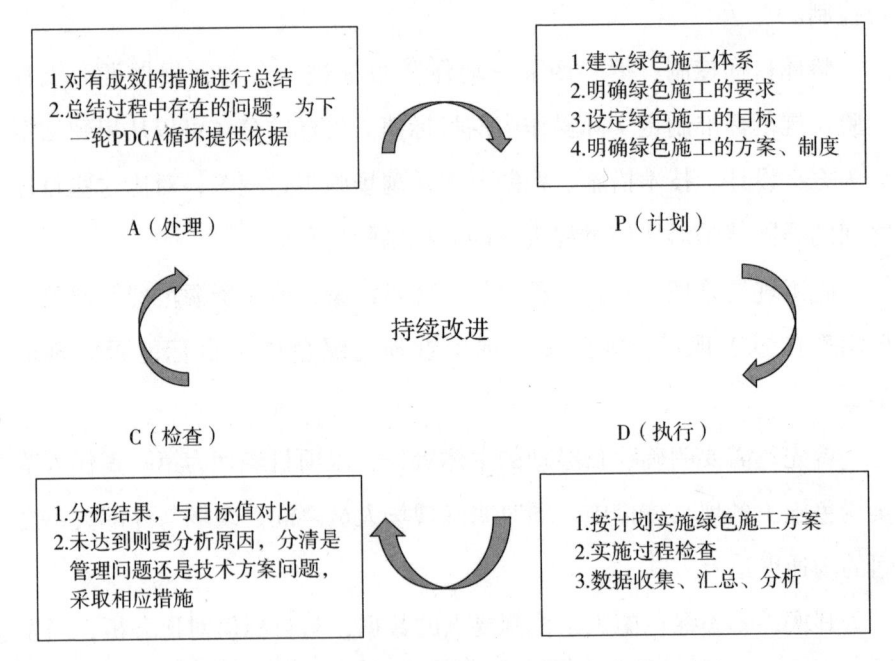

图9-12 绿色施工持续改进的基本阶段和步骤示意图

最后，以《建筑工程绿色施工评价标准》（GB/T 50640-2010）和绿色施工方案策划为依据，通过日检、周检、月检等形式检查绿色施工的总体实施情况，计算绿色施工的完成效果。

3. 事后评价

绿色施工评价体系是绿色施工管理中的一项重要内容，根据《建筑工程绿色施工评价标准》（GB/T 50640-2010）的要求，对建筑工程开展绿色施工评价的框架分为评价阶段、评价要素、评价指标、评价等级等四个方面内容，结合工程特点，对绿色施工实施效果及过程中新技术、新工艺、新设备、新材料的使用进行综合评价。

（四）基于BIM技术的绿色施工信息化管理方法

1. BIM技术在节地与施工用地合理规划方面的应用

节地既是施工用地的合理利用，也是建筑设计前期的场地分析、运营管理中的空间管理。BIM在施工节地中的主要应用内容有场地分析、土方量计算、施工用地管理及空间管理等。

场地分析：场地分析作为研究影响建筑物定位的主要因素，是确定建筑物空间方位、外观，建立建筑物与周围景观联系的一种过程。

BIM结合地理信息系统（geographic information system）建模分析拟建建筑物的空间数据，结合场地特点和使用条件，做出最理想的交通流线组织关系和现场规划。

利用计算机分析出场地坡向、不同标高、不同坡度的分布情况，预测建设地域是否可能发生自然灾害，按适不适宜兴建建筑进行区域划分，辅助前期场地设计。

遵循"永临结合"的原则，优化组合现场交通方案中的永久道路和临时道路，减少道路占地面积，做到节约用地。

土方量计算：利用场地合并三维模型，直观查看场地挖填方情况，将原始地形图与规划地形图进行对比，得出各区块的原始平均高程、设计高程和平均开挖高程，计算出各区块挖填方量。

施工用地管理：建筑施工过程总是动态变化的。随着建筑工程规模不断扩大，复杂程度不断提高，生产用地、材料加工区、材料堆场也随着工程进度的推进而调整。利用BIM的施工模拟技术，根据实测数据建立起模型，能更合理、直观地对临建设施、生产区、生活区、材料堆场进行排布，并对垂直运输设备做出准确定位，进而最大化地节约施工用地，使平面布置紧凑合理，减少临时设施的投入，避免多个工种在同一场地、同一区域而相互牵制、相互干扰。同时，通过对材料运输路线的模拟，也可最大限度地减少材料的场内运输和二次搬运。通过与建设方的可视化沟通协调，对施工场地进行优化，选择最优的施工路线。

2.BIM技术在节水与水资源利用方面的应用

建筑工程施工过程对水资源的需求量极大，混凝土的浇筑、搅拌、养护等都要大量用水。建筑施工企业由于在施工过程中没有提前计划，没有节水意识，肆意用水，往往造成水资源的大量浪费，不仅浪费了资源，还将受到主管部门的经济和行政处罚。因此，在施工中节约用水势在必行。

BIM技术在节水方面的应用主要体现在模拟场地排水设计；设计规划每层排水地漏位置；设计雨水、废水等非传统水源的收集和循环利用。

利用BIM技术可以对施工用水过程进行模拟。比如处于基坑降水阶段、基槽未回填时，采用地下水作为混凝土养护用水；使用地下水对现场进行喷洒降尘、冲洗混凝土罐车。也可以模拟施工现场情况，根据施工现场情况，编制详细的施工现场临时用水方案，使施工现场供水管网根据用水量设计布置，采用合理的管径、简捷的管路，有效地减少管网和用水器具的漏损。

采用 Revit 软件对现场临时用水管网进行布置，建立水回收系统，对现场用水与雨水进行回收处理，并用于车辆进出场冲洗、卫生间用水、临时道路保洁等工作。施工现场贯彻节约用水理念，部分利用循环水养护，养护用水采用专业工具喷洒在结构层表面，起到节约用水的目的。使用现场集水池中水作为施工现场喷洒路面、绿化浇灌及混凝土养护用水，在池中水不够时方可使用市政给水。合理规划利用雨水及基坑降水，提高非传统水的利用率。

3. BIM 技术在节材与物料优化方面的应用

基于 BIM 的施工材料管理包括物料跟踪、管线综合设计、数字化加工等，利用 BIM 模型自带的工程量统计功能实现算量统计，以及对射频识别技术的探索来实现物料跟踪。

施工资料管理，需要提前搜集整理所有有关项目施工过程中所产生的图纸、报表、文件等资料，对其进行研究分析，并结合 BIM 技术，经过总结，得出一套面向多维建筑结构施工信息模型的资料管理技术，应用于管理平台中。

物料跟踪：随着建筑行业数字化、工厂化、标准化水平的不断提升，以及设备复杂性的提高，越来越多的建筑及设备构件通过工厂预制、加工后，运送到施工现场进行高效的组装。根据编制的进度计划，可提前计算出合理的物料进场数目。BIM 结合施工计划和工程量造价，可以实现 5D（三维模型+时间维度、成本维度）应用，做到"零库存"施工。

管线综合设计：目前，如摩天大楼等大体量的建筑机电管网错综复杂，在大量的设计面前，极易出现相撞、管内交错及施工不合理等问题。以往单一由人工检查图纸，同时检测平面和剖面的位置无法实现，而 BIM 软件中的管道碰撞检测功能为工程师解决了这一难题。检测功能可生成管网三维模型，系统可自动检查出"碰撞"部位并在建筑模型中标注，使得大量、烦琐的检查工作变得简单。

空间净高检测是管线综合相关工作中的重要组成部分，基于 BIM 技术分析建筑内不同功能区域的设计净高度，查找不符合设计要求的情况，并及时反馈给施工人员，避免错、漏、碰、缺的出现，以提高工作效率，减少原材料的浪费。

复杂工程预加工预拼装：复杂的建筑形体如曲面幕墙及复杂钢结构的安装往往是施工中的难点，尤其是复杂曲面幕墙，由于组成幕墙的每一块玻璃面板形状都有差异，给幕墙的安装带来一定困难。

BIM 技术在复杂形体设计及建造应用方面拥有优势，可以将复杂形体的数据进一步整合、验证，使多维曲面的设计成为可能。工程师还可以利用计算机辅助软件对复杂的建筑形体进行拆分，拆分后利用三维信息模型进行解析，给各网格编号，进行单独的模块设计，并在电脑中进行预拼装，然后送至工厂按设定好的模块进行加工，最后送到现场组合、拼装。除此之外，数字模型也可提供包括经济形体设计、曲面面积统计及成本估算等大量建筑信息，节约了时间成本，节省了材料。

钢筋准确下料及排砖模拟优化：在以往工程中，由于工作面大、现场工人多，工程交底困难而导致的质量问题非常常见，结合 BIM 技术通过建立模型，能够优化钢筋余料组合加工表，出具钢筋排列图来进行钢筋准确下料，将损耗减至最低；能够优化门窗过梁与圈梁的细部节点，绘制正确的排砖布砖图，不仅能砌筑出较好的质量砌体，还能减少材料的浪费。

4. BIM 技术在节能与能源利用方面的应用

以 BIM 技术推进绿色施工，减少污染，节约能源，降低资源消耗和浪费是未来建筑发展的方向。节能体现在绿色环保主要有两个方面：一个方面是帮助建筑形成包括自然光能照射资源、水循环、风能流动的循环使用，科学地根据不同朝向、位置和功能选择最适合的建造形式；另一个方面是实现建筑自身减少"碳"排放。建造施工时，充分利用信息化手段来缩短工程建设周期；运营维护时，不仅能够满足各项功能的使用需求，还能保证最少、最优的资源消耗。

5. BIM 技术在环境保护方面的应用

利用 BIM 技术可以对施工场地废弃物的排放、放置进行模拟，达到减排和环保的目的。具体方法如下。

用 BIM 模型编制专项方案对工地的废水、废弃、废渣的"三废"排放进行识别、评价和控制，安排专人、专项经费，制定专项措施，减少工地现场的"三废"排放。

根据 BIM 模型对施工区域的施工废水设置沉淀池，进行沉淀处理后重复使用或合规排放，对于泥浆及其他不能简单处理的废水集中交由专业公司处理。在生活区设置隔油池、化粪池，对生活区的废水进行收集和清理。

利用 BIM 模型合理安排噪声源的放置位置及使用时间，采用有效的噪声防护措施，减少噪声排放，并满足施工场界环境噪声排放标准的限制要求。

6. BIM 与施工管理

BIM 与施工环境管理：绿色施工是建筑施工环境管理的核心。施工中应贯彻节水、节电、节材、节能，保护环境的理念。利用项目信息管理平台可以有计划、有组织地协调、控制、监督施工现场的环境问题，控制施工现场的水、电、能、材,从而使正在施工的项目达到预期环境目标。

在施工环境管理中可以利用技术手段来提高环境管理的效率,并使施工环境管理收到良好的效果。在施工生产中,可用先进的污染治理技术来提高生产率,并把对环境的污染和生态的破坏控制到最小限度,以达到保护环境的目的。应用项目信息平台可以实现环境管理的科学化,并能通过平台进行环境监测、环境统计。

施工环境包括自然环境和社会环境。自然环境指施工当地的自然环境条件、施工现场的环境;社会环境包括当地经济状况、当地劳动力市场环境、当地建筑市场环境及国家施工政策大环境。这些信息可以通过集成的方式保存在模型中,对于特殊需求的项目,可以将这些情况以约束条件的形式在模型中定义,对模型的规则进行制定,从而辅助模型的搭建。

BIM与虚拟施工管理:通过BIM技术结合施工方案、施工模拟和现场视频监测进行基于BIM技术的虚拟施工,其施工本身不消耗施工资源,却可以根据可视化效果看到并了解施工的过程和结果,可以较大程度地降低返工成本和管理成本,降低风险,增强施工过程中管理者的控制能力。建模的过程就是虚拟施工的过程,是"先试后建"的过程。施工过程的顺利实施是在有效的施工方案指导下进行的,施工方案的主要内容根据项目经理、项目工程师的经验制订。业内普遍关注施工方案的可行性,由于建筑产品单一而不可重复,施工方案也具有不可重复的特点。常规情况下,某个工程一套完整的施工方案只有当该工程即将结束时才会展现于管理人员面前。虚拟施工技术除了可以检测施工方案的可行性、对比施工方案的优劣,还可以作为优化施工方案的辅助手段。

基于 BIM 的虚拟施工管理能够达到以下目标：创建、分析和优化施工进度；分析具体项目将使用的施工方法是否可行；通过模拟可视化施工过程，提早发现问题，及时消除隐患；作为一种形象化的交流工具，能为项目参与者提供形象的工作操作说明和技术交底；可以更加有效地管理设计变更；全新的试错、纠错概念和方法。

不仅如此，二次渲染开发时，还可以以虚拟施工过程中建立好的 BIM 模型作为模型基础，有利于提高三维渲染效果的精度与效率，可以更为直观地向建设方宣传介绍，也可以进一步为房地产公司开发出虚拟样板间等延伸应用。

（六）基于 BIM 技术的绿色施工信息化管理流程

绿色施工管理贯穿建筑工程项目整个施工周期，时间长、内容多，涉及范围广。在建立项目的绿色施工管理目标后，从项目的目标出发进行流程设计，明确流程中各环节的责任主体及其职责，同时对流程进行监控和评审，及时优化改进。

管理流程的建立是绿色施工信息化管理的重要保障，是利用 BIM 技术开展绿色施工活动的必要前提。将 BIM 技术的应用流程融入绿色施工管理模式之中，建立科学、合理的管理流程有利于提高效率，有利于项目团队沟通，有利于推动岗位责任制的落实，是绿色施工信息化管理的重要内容。结合 BIM 技术的项目绿色施工策划流程图如图 9-13 所示。

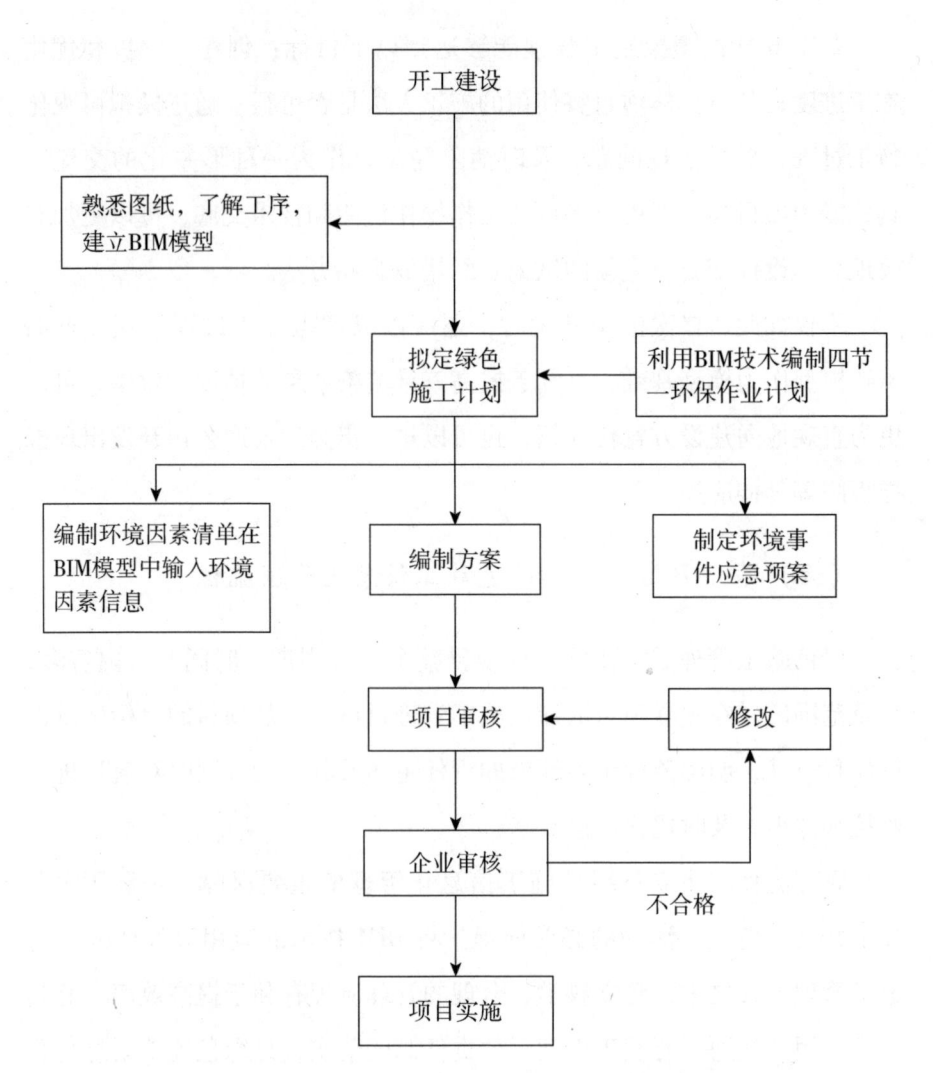

图 9-13 结合 BIM 技术的项目绿色施工策划流程图

第五节　应用助力绿色施工

一、BIM 5D 技术

BIM 5D 技术是在传统的 BIM 3D 模型中将进度计划表和预算文件集成在一起，让传统的三维模型拥有了时间和费用等多重属性。在 3D 虚拟空间的模型基础上，融入"进度维度"与"成本维度"，形成由"3D 建筑模型+1D 进度+1D 成本"的五维建筑信息模型。表面上是简单地增加了两个维度，而实际上是更宽泛地拓展了 BIM 技术的信息视角，探索了施工项目整个寿命周期的更多层面，意义深远。BIM 5D 首先通过建立 BIM 模型与 WBS 相连接，并集成进度、造价、资源、管理等信息，对施工过程动态模拟，及时提供施工中的进度、资源消耗、造价变化等信息，适时监控项目的进度和成本的变化，从而提高管理效率。BIM 5D 模拟了整个项目的建造过程，它不同于传统的仅以 3D 动画来展示过程的形式，而是更注重前期的预测，可以使管理人员在正式开工前预测到某些节点的组织方案，如大型机械的布置、施工机具的布置等内容，及每个施工周期所需的资源情况，安排布置，适时优化。通过 BIM 5D 的信息构建，可轻松实现绿色施工中"三控两管一协调"的目标，减少风险的出现。通过采用 BIM 5D 技术手段，可以有效应对绿色施工项目面临的各类风险。BIM 5D 技术如图 9-14 所示。

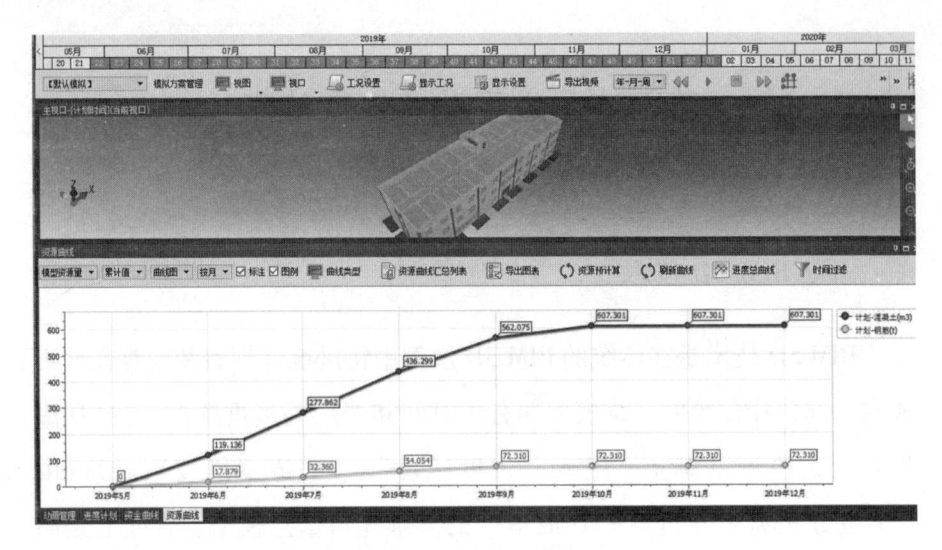

图 9-14　BIM 5D 技术

二、BIM 5D 技术应用方法及风险管理

在绿色施工中，利用 BIM 5D 技术辅助规避风险，全面地对施工过程进行适时监控及精细化管理，可有效控制施工风险的发生。

（一）构建 BIM 5D 信息管理"族"库

施工风险管理与评估需要完备的信息基础。通过 BIM 模型的构建，可视化的仿真平台整合了关于项目的所有信息，完整的信息系统保障了信息的完全传递，避免了信息缺失和交接时的技术问题。"族"库的搭建涵盖了项目绿色设计所需的全部信息，工程师可进行绿色定量分析，构建可视化与信息化的模型平台，同时可对模型进行信息编辑，伴随着施工的深入，"族"还可包括一些造价、进度、材料、热工等拓展信息，拓展信息的载入可大大提升绿色施工风险管理的执行力。

（二）依托云计算实施绿色设计比对

根据载入的"族"库，依托所建立的生态量化条件，设计人员可预先进行能量分析的参数输入，具体包括场地位置、建筑结构类型、建筑设备参数等内容，利用 Revit 所提供的模板，根据设计要求及绿色设计契合点输入参数。之后，设计人员进行能量分析，根据 Revit 软件所采用的云端技术，将设置好的计算模型提交 PC 端执行计算，最后生成报表。报表的内容可具体包括排碳量、资源能耗量、热工性能及室内外的环境参数等评价指标数据

（三）通过 BIM 实现精确设计并进行定量分析

初步方案生成后，包含了建筑尺寸、结构、楼层等相关信息，随着设计的深入，还需要完成材料、暖通、给排水等内容，同时在此落实建筑节水、节能、节材等建筑设计绿色标准，从而满足预期绿色目标。基于绿色设计理念的 BIM 定量分析，是通过创建 BIM 软件所支持的 GBXML 格式（国际绿色建筑标准文件格式）文件，以建筑信息为载体，记录材料、结构、热工等信息模拟软件进行定量分析，这也是 BIM 软件应用的一大进步。

（四）各责任方协同管理

通过分析 BIM 的设计和施工模型，设计单位、施工方、监理方等相关责任人可在可视化的模型中，通过提取的信息进行协同管理，应对施工中可能发生的绿色问题。具体内容包括可视化地展现施工现场、进行三维的场地管理，运用 Navisworks 视频制作全方位地展现项目场景；调整进度计划，降低现场风险，提高效率。通过创建 Revit 模型，及时

发现设计图纸的问题,避免了由于设计尺寸的问题带来的材料浪费。用碰撞检测来优化管线敷设,避免由于各专业管线冲突而造成返工。利用BIM的工程量快速提取功能,达到节约资源、节省成本的目的。BIM 5D技术在绿色施工中的运用,可大大降低项目风险因素发生的概率,从而进行良性的施工运作。

三、BIM 5D 技术的应用优势

施工阶段是项目从无到有的过程,在满足工程质量的前提下,施工单位希望通过运用高效的施工管理手段,对工程项目的各项目标进行精确控制,而 BIM 5D 技术在施工进度管控、施工质量管控、施工成本监控等方面均能发挥巨大的优势。BIM 5D 总控管理系统工作原理流程如图 9-15 所示。

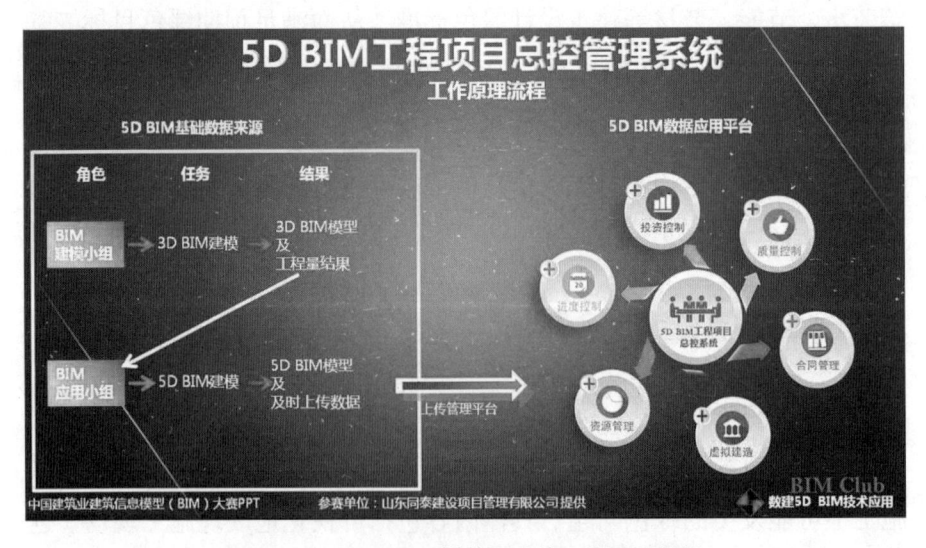

图 9-15　BIM 5D 总控管理系统工作原理流程

(一) 施工进度管控

施工进度管理中的一项关键内容就是进度计划的编制,但施工前期编制的进度计划并非一成不变,由于施工现场各类因素复杂多变,进度计划的编制也是一个循序渐进、动态调整的过程。BIM 5D 平台集成了 BIM 3D 模型和施工进度文件,通过在 BIM 5D 平台中输入实际进度可以对工程实际进度和计划进度进行对比分析,可提前显示后续即将出现的进度延误情况,从而实现了真正意义上的施工进度动态管理。在进行资源管理时,可以以工期为基准,快速查看施工期间所需的劳动力、材料的供应情况及机械运转的负荷情况,提早预判资源的用量高峰和滞留情况的发生时间,做到及时把控、及时调整、及时预案,从而避免出现进度延误。

(二) 施工质量管控

随着工程结构越来越复杂多样化,对施工质量的要求也愈发严格。BIM 5D 平台不仅可以针对项目施工进度进行模拟优化,还可以对复杂技术方案的施工过程、关键工艺及作业工序进行模拟,实现施工方案的可视化交底,避免发生由于语言文字和二维图纸交底引起的理解分歧和信息错漏等问题,从而提高施工信息的交流效率,并且使各参与方之间沟通方便,为施工过程各环节的质量控制提供技术支持。

(三) 施工成本监控

施工单位在施工过程中,具体的工程数量、材料用量不仅是进行工程预算、材料采购、下料控制、计量支付和工程结算的依据，同时在进行成本控制时也是重要的数据参考。对于工程数量而言，BIM 5D 模型中定义的构件信息都是可运算的，而且每个构件都有自己的编码，通过 BIM 5D 平台可以自动识别、统计构件数量，再结合相关的扣减规则，可以实现工程数量的精确计算。对于材料用量而言，BIM 5D 平台可以对施工流水段进行定义，在工程项目的施工过程中，针对不同时间段、不同楼层及不同分部分项工程，可分别进行相应的计算和统计。根据这些数据，可以从材料采购、下料控制、计量支付和工程计算等不同角度对项目施工成本进行跟踪把控，使得施工成本得到有效控制。

（四）施工协同管理

在工程项目的施工过程中，不同的参与主体、不同部门岗位人员、不同专业之间都需要互相配合协同工作，保持沟通顺畅、信息有效传达，才能避免事后的扯皮和返工。BIM 5D 平台是一个综合性的管理平台，能够将各专业的模型进行集成，施工各参与主体通过在 BIM 5D 平台上搭建协同工作平台，就可以基于同一基准进行沟通协调，实现项目信息共享。通过 BIM 5D 平台可以在施工前进行图纸会审，解决后期图纸出现的问题，基于平台不仅能够及时跟踪现场情况，提高施工管理水平，还可以合理组织工作，提高各专业之间的配合效率。

施工项目风险的管控是一个长期、动态的过程，采用传统的施工技术手段难以满足绿色施工的基本要求，将 BIM 5D 技术作为辅助工具，可以有效解决施工组织优化、工程进度管理、质量安全管控、施工成本监控等问题。由于 BIM 5D 技术在我国依然处于初期阶段，相关应用的广度和深度还较为局限，目前关注的焦点主要集中在施工图纸优化、施工进度监控及质量安全监控，关于工程量及施工成本的精细化管理还有待进一步加强。BIM 5D 技术之于我国建筑行业的信息化转型发展具有关键意义，可以有效解决各类瓶颈问题，有必要对其进行大力推广以及深化应用。

随着节能环保概念的不断深入，绿色建筑逐渐成为建筑业的发展趋势。并且建筑工程绿色施工要求尽可能地节约资源、能源，减少建筑对环境的污染和破坏，因此为了保障建筑工程绿色施工的有效性，必须加强对建筑工程绿色施工的影响因素及其措施的分析。课题通过对 EPC 工程总承包模式下的绿色施工风险进行分析研究，从而找出风险管控和路径优化的措施。

对于工程建设者来说，风险控制是一个老生常谈的话题，其重要性及难度不言而喻。在 EPC 工程总承包模式下 EPC 总承包管理单位需要对设计、施工、采购进行全过程管理。随着社会的不断发展，EPC 模式得到越来越广泛的应用，近年来，企业所承接的 EPC 总承包项目基本都达到了上亿元的规模。因此，工程总承包企业更加重视项目的风险管理，以求增加竞争力以及保证利润率。

现如今是一个经济迅猛发展、建筑行业快速崛起的社会，随着建筑领域的规模逐渐增大，施工企业必须尽可能地提升其施工管理水平，同时积极普及绿色建筑施工管理。只有这样才可能使建筑业在竞争激烈的市场中处于优势，获得巨大的经济收益。由此可见，建筑工程在施工的过程中必须要加强施工管理，最大限度地提升施工单位的管理水平，最终实现自然环境和建筑业的和谐发展。

从总体的角度来讲，EPC模式下的绿色施工工作难度较大，工作内容非常复杂，其中包含了很多专业的方方面面。在这其中，风险控制工作至关重要，直接影响着工程总承包企业的经济效益和社会效益。如果不能对风险进行及时的预防和有效的管理，很可能引发重大风险事故，不仅影响工程的建设效果和质量，同时也会使工程总承包企业出现严重的经济损失，对其日常的经营和发展造成极为严重的影响和阻碍。相关工程专业技术管理人员一定要对此高度重视，提高成本控制工作的能力和水平；随时做好应对风险的挑战，提高驾驭风险的管控能力；在保证工程施工质量安全和建设效益的前提之下，最大程度地降本增效，控制成本，提高工程建设的经济效益和社会效益，进而获得更大的发展空间和建筑行业市场竞争力。

综上阐述，基于EPC总承包模式下，项目管理人员对工程项目开展各项管理工作时，为确保管理效率得以进一步提升及工程项目能够顺利实施，就需加强对工程项目设计、采购、施工及风险因素等方面的管理。例如，充分明确具体施工流程，做好全面监管，按照具体的设计图纸开展相应的施工，做好施工现场的监管。EPC工程总承包管理对我国工程建筑企业仅依靠成本和施工效率的传统管理方法提出了挑战。在这种情况下，我国工程总承包企业提升施工过程中的风险管理能力将成为实现国际化和提升竞争优势的必然要求。EPC项目管理是一项系统工程，需要协调解决的问题也很多。

有效运用EPC总承包模式，可大大提升项目管理效率，这对保证工程项目安全、顺利完工起到关键性的作用。EPC总承包模式下的工程项目设计、施工材料、设备采购、现场施工等环节，其应用效果较显著，这对今后进一步促进工程项目管理工作的有效开展具有重要参考意义。本课题通过对EPC工程绿色施工的风险进行分析，提出了风险管控和优化措施，从而为相关单位进行绿色施工提供相关建议，我们坚信EPC工程总承包模式下的绿色施工的市场前景会更加广阔。随着可持续发展战略的进一步实施，实施绿色施工，必然会成为社会的必然选择。

参考文献

[1] 李永福. EPC 工程总承包全过程管理 [M]. 北京：中国电力出版社，2019.

[2] 李永福，杨宏民，吴玉珊，等. 建设项目全过程造价跟踪审计 [M]. 北京：中国电力出版社，2016.

[3] 李永福，吕超，边瑞明. 普通高等院校水利专业"十三五"规划教材 EPC 工程总承包组织管理 [M]. 北京：中国建材工业出版社，2021.

[4] 李永福，许孝蒙，边瑞明. EPC 工程总承包设计管理 [M]. 北京：中国建筑工业出版社，2020.

[5] 范凯兴. EPC 工程总承包合同管理风险及应对措施 [J]. 住宅与房地产，2021（16）.

[6] 董斌. 谈国内现阶段建筑 EPC 工程总承包中的设计管理 [J]. 城市建设理论研究（电子版），2019（24）.

[7] 夏志勇. 工程总承包（EPC）招标时如何设置加分项 [J]. 中国招标，2020（04）.

[8] 李森. EPC 工程总承包全过程管理如何管 [J]. 中国勘察设计，2020（05）.

[9] 张超. EPC 工程总承包管理存在的问题与对策 [J]. 工程技术研究, 2020 (20).

[10] 吴小红, 斯荣喜. 浅谈 EPC 工程总承包存在的问题和对策 [J]. 高校后勤研究, 2021 (03).

[11] 常陆军, 林知炎. 建立灵活的工程采购模式体系 [J]. 建筑管理现代化, 2003 (02).

[12] 沙凯逊, 邓晓红. 欧盟建筑交易制度比较: 启发与思考 [J]. 建筑经济, 2001 (03).

[13] 阎长俊, Matthew Fletcher. 设计/建筑方式及其合同条件 [J]. 建筑经济, 2000 (12).

[14] 张水波, 王扬. EPC 交钥匙项目合同条件 [J]. 国际经济合作, 2000 (08).

[15] 王俊安. 招标投标与合同管理 [M]. 中国建材工业出版社, 2003.

[16] 蔡茏. EPC 总承包合同计价方式研究 [J]. 现代经济信息, 2014 (13): 147-147, 149.

[17] 吴豪. 研究全地埋污水处理厂工程的项目管理控制 [J]. 建筑与装饰, 2020 (18): 47, 50.

[18] 李卓, 常陆军. 建筑工程总承包理论若干重要问题的探讨 [J], 2005 (3): 12-14.

[19] 苏丕海. EPC 建筑工程总承包项目施工阶段风险管控 [J]. 工程技术研究, 2018 (12): 94-95.

[20] 李乃伟. EPC 建筑工程总承包项目施工阶段风险管控研究 [D]. 西安科技大学, 2015.

[21] 陈李喜. 浅谈工程总承包 (EPC) 造价管理存在风险与对策

[J]．江西建材，2021（01）．

[22] 张军辉．皇冠上的明珠：EPC 工程总承包 [J]．施工企业管理，2021（04）．

[23] 刘大宾．EPC 工程总承包管理模式的运行探讨 [J]．中国住宅设施，2021（05）．

[24] 赵李龙．我国 EPC 工程总承包面临的问题及对策 [J]．中国招标，2021（08）．

[25] 陈晓红，李惠强，李华．实现可持续建筑的几点思考 [J]．工业建筑，2006（04）：30-33．

[26] 刘洪峰．浅论土建施工现场管理 [J]．科技致富向导，2011（6）：380．

[27] 吴平春，刘筝薇．福州万象城的绿色施工技术 [J]．福建建设科技，2008（03）：50-52．

[28] 王劲宏．绿色建筑理念在施工过程中的应用研究 [D]．广西大学，2008．

[29] 罗振中．浅析建筑工程绿色施工管理 [J]．中外企业家，2018（21）：103-104．

[30] 郑金浩．浅析 EPC 总承包项目施工风险管理 [J]．价值工程，2010，29（21）：85-86．

[31] 唐旭．基于战略的目标成本管理方法在国际工程承包项目中的应用 [D]．西南财经大学，2003．

[32] 易去劣．作业成本管理模式在施工项目成本管理中的应用研究 [D]．湖南农业大学，2007．

[33] 李昭．基于业主价值体系的工程总承包模式核心竞争力研究 [D]．东北财经大学，2011．

[34] 陈洪波. 电建公司 EPC 总承包项目成本管理研究［D］. 吉林大学, 2013.

[35] 贺晓飞. 建筑房建施工技术与质量管理的探析［J］. 居舍, 2019（31）: 134.

[36] 张立山, 孟德光, 朱天志, 董艳英. 影响我国绿色施工发展的原因及策略（综述）［J］. 河北科技师范学院学报, 2008, 87（03）: 77-80.

[37] 肖绪文, 冯大阔. 基于绿色建造的施工现场装配化思考［J］. 施工技术, 2016, 45（04）: 1-4.